DER TAUNUS LÄSST BÜẞEN

II

---

12 Kurzgeschichten von

Andrea Abel * Juergen Edelmayer * Maria Esch
Barbara Kaufmann-Gallardo * Ria Klug
Brigitte Pons * Susanne Rüster * Anna Schneider
Marlene Schulz * Miriam Strieder

Herausgeber

Sigrid Böhme Verlag

Impressum

„Der Taunus lässt büßen II"
veröffentlicht 2010 im Sigrid Böhme Verlag,
www.sigrid-boehme-verlag.de
Email: verlag@sigrid-boehme-verlag.de
Selters (Taunus) / Deutschland

Der Kontakt zu den Autor/innen kann
über den Verlag hergestellt werden.

Autorenhomepages:
Juergen Edelmayer | meinehp.com/infohunt
Brigitte Pons | brigittepons-autorin.chapso.de
Anna Schneider | schneideranna.com

Umschlaggestaltung: Penschow
Fotos: © 2010 Manfred Penschow, Wiesbaden
www.manfred-penschow.de

Satz: Böhme / Gemi s.r.o.
Druck und Herstellung: Gemi s.r.o., Prag
Made in Czech.

ISBN13 978-3-9811229-9-2

Der mörderische Taunus heißt Sie erneut willkommen!

Der Taunus – als Teil des Rheinischen Schiefergebirges eines der ältesten Gebirge Deutschlands – und ein beliebtes Ausflugsziel dank der herrlichen Wälder.

Doch die Idylle ist trügerisch!

Denn bei Königstein durchstreift ein Snyper den Forst.
Und im heimischen Supermarkt lauert der brutale Exfreund.
Ein mörderisches Beziehungsdrama zerreißt die Beschaulichkeit des Schwarzbachtals.
Eppstein wird zum Schauplatz einer verzweifelten Geschwisterliebe.
Und schon die frühen Germanen und Römer fochten so manche Intrige hier aus.
Doch früh übt sich, denken die Kinder von heute – und spielen statt Counterstrike lieber Sherlock Holmes ...

So seien Sie zu Gast im Herzen der Natur oder mitten im grellbunten Stadtleben. 12 kriminelle Geschichten aus den verschiedensten Milieus garantieren Ihnen in jedem Fall einen kurzweiligen Lesespaß.

Herzlichst, Eva Lirot und Sönke Brandschwert

Die Kurzgeschichten erscheinen in der
alphabetischen Reihenfolge der Autorennamen.

Inhaltsverzeichnis

ANDREA ABEL aus Delmenhorst beteiligte sich beim Krimiwettbewerb mit einem historischen Kurzkrimi. Die facettenreiche Geschichte „Mord an der Saalburg“ ist für die 20jährige Anglistik-Studentin die erste Veröffentlichung. Ihrer Freundin Miriam, die im Taunus lebt, hat sie es zu verdanken, dass sie im hohen Norden vom Wettbewerb erfahren hat und möchte ihr auf diesem Weg ein großes ‚Dankeschön‘ sagen.

JUERGEN EDELMAYER, geboren 1958 in Wiesbaden, lebt heute mit seiner Familie am Mittelrhein. Seine erste Kurzgeschichte veröffentlichte er 1993, seinen ersten Kurzkrimi im Jahre 2001. Beim Literaturwettbewerb der Stadt Wolfen (Oktober 2000) erhielt er einen Anerkennungspreis. Seine Kurzkrimis "Der Erstbeste" und "Künstlerpech" wurden 2006 und 2009 für den Kärntner Krimi- bzw. Hörkrimipreis nominiert.
Der Autor ist in dieser Anthologie mit zwei Kurzkrimis vertreten.

Die Hobbyautorin **Maria Esch** lebt in Eppstein, wo auch ihr eingereichter Kurzkrimi spielt. Frau Esch ist Mitglied in der Schreibwerkstatt des Kulturkreises Eppstein. Sie zieht regelmäßig eigene Geschichten „frisch aus der Schublade", um sie in der Kemenate auf der Burg Eppstein einem breiteren Publikum zu präsentieren.

Für **Barbara Kaufmann-Gallardo** gehörte das Verfassen von Texten in verschiedenen beruflichen Zusammenhängen schon immer zu ihren Aufgaben. Neben der freiberuflichen pädagogischen Arbeit liegt ihr vor allem der intensive Austausch mit ihrer weitverzweigten Familie sowie das Theaterspielen am Herzen. Sie ist davon überzeugt, dass die Realität komplexer, verrückter, aber auch grausamer ist, als es sich ein Autor je ausdenken kann.
Die Hofheimerin ist in dieser Anthologie mit zwei Kurzkrimis vertreten.

Nervende Nachbarn 69

Geboren wurde **Ria Klug** im Jahre 1955 in Herborn (Lahn-Dillkreis), wohnte viele Jahre in Wetzlar und lebt inzwischen mit ihrer Familie in Leipzig. Die gelernte Handwerkerin schreibt gerne Krimis, weil sie dabei ungestraft Missetaten begehen darf. Ihr erster Kriminalroman erscheint zur Leipziger Buchmesse 2011 im fhl-Verlag.

Die Leiche stinkt nicht oder: Lammkeule toskanisch 79

Brigitte Pons wohnt in Mörfelden-Walldorf. Als Flughafen-Anwohnerin weiß sie den Taunus, der direkt vor ihrer Haustüre liegt, als Ausflugsziel zu schätzen. Die 43jährige arbeitet in einer Bank, schreibt aber in ihrer Freizeit leidenschaftlich gerne. So wundert es nicht, dass dies nicht ihre erste Veröffentlichung ist. Zur Frankfurter Buchmesse 2011 wird ein Kriminalroman von ihr veröffentlicht.

Abgestürzt 91

Wenn die 56jährige **Susanne Rüster** an den Taunus denkt, dann kommen ihr lange, romantische Spaziergänge im selbigen und Besuche in Wetzlar in Erinnerung. Sie lebt in Berlin und ist hauptberuflich als Richterin am Gericht tätig, wo sie sozusagen direkt an der Quelle der Inspiration für ihre Geschichten sitzt. Mit einigen ihrer Kurzkrimis ist sie in verschiedenen Anthologien vertreten: „Enttarnt“ (in Berliner Morde) und „Kreuze im Kaffeesatz“ (in Schneeflöckchen, Mordsglöckchen) sind nur zwei Beispiele. Ein Roman ist bereits in der Mache.

Anna Schneider, Jahrgang 1966, lebte zehn Jahre lang in Frankfurt am Main und in Hofheim am Taunus, bevor sie in die Nähe von München zog.
Die promovierte Betriebswirtin begann 2008 mit dem Verfassen von Kurzkrimis. Schon im ersten Jahr ihrer Autorenaktivität gewann sie den ersten Preis des Women's Edition Kurzgeschichten-Wettbewerbs.

Marlene Schulz aus Hofheim war bereits im ersten Band der Kurzkrimianthologie mit einer Geschichte vertreten. Auch diesmal beweist die 49jährige Pädagogin, dass sie Spaß daran hat, ihre Leserinnen und Leser mit skurrilen Geschichten zu unterhalten.
„Schreiben ist für mich wie malen, nur dass das Bild bei jenen entsteht, die meine Texte lesen", sagt die Autorin, für die Schreiben schon längst mehr als nur ein Hobby ist.

Mit „Vier Spürnasen im Einsatz" hat die Studentin **Miriam Strieder**, die Lehrerin werden möchte, einen fröhlichen Diezer Kinderkrimi zu Papier gebracht, der vielleicht so manche Leser an die eigenen Kindheitsabenteuer zurückerinnern lässt.
Der Kurzkrimi ist für die 22jährige Mainzerin die erste Veröffentlichung und sie arbeitet bereits an einer Fortsetzung.

Mord an der Saalburg

Andrea Abel

Ächzend erklomm ein römischer Soldat im 2. Jahrhundert n. Chr. die Stufen zu seinem Wachturm. Oben angekommen begrüßte er den Wachtposten, den er ablösen sollte. Er bezog seine Position, während der andere die Stufen hinabstolperte und sich auf den Weg zum Lager machte. Der junge Legionär spähte missmutig in den trüben Nebelvorhang, der den Turm einschloss, und stellte sich auf einen langweiligen Tag ein.

Eine Stunde später war noch immer nichts passiert, aber der Dunst lichtete sich allmählich und er konnte die ersten Umrisse des freien Germaniens erkennen. Zögerlich bahnten sich Sonnenstrahlen ihren Weg durch die Wolken.

Marcus bemerkte erneut, dass alles um ihn herum irgendwie gleich aussah, und doch war die Welt jenseits des Wachturms eine andere als diesseits. Er dachte darüber nach, wie deplatziert eine solche Grenze wirkte, in einer Gegend, die nur aus undurchdringlichen, hügeligen Wäldern, sumpfigen Feldern und kleinen Dörfern bestand. Er schauderte, wenn er daran dachte, wie die Menschen im freien Germanien lebten: im Dreck, in ständiger Nässe und Kälte.

Da sah das Leben eines römischen Soldaten schon wesentlich angenehmer aus: jeden Tag eine warme Mahlzeit, gute Ausrüstung und, bald, wenn das Kastell fertig gebaut sein würde, sogar Bäder. Als er so seinen Gedanken nachhing, wanderte sein Blick routiniert über die Landschaft, die sich langsam aus dem Nebel schälte.

Plötzlich blieb sein Auge an einem unförmigen Bündel hängen. Er blinzelte ein paar Mal, um genauer erkennen zu können, worum es sich handelte.

Es lag einige Doppelschritte außerhalb des Palisadenwalls auf dem feuchten Gras. Von weitem sah es aus wie ein Sack, doch als die Sonne den Nebel immer mehr auflöste, fiel ihm auf, dass an der Seite des Bündels ein Arm ausgestreckt auf dem Boden lag. Es musste sich um einen Menschen handeln. War es ein betrunkener Soldat, oder ein Germane? Oder Schlimmeres?

Mit mehreren durchdringenden Hornstößen machte er die anderen Wachposten und die hinter ihm lagernden Soldaten auf sich aufmerksam. Ein junger Offizier erschien kurze Zeit später, etwas außer Atem, am Fuß des Turmes und verlangte nach einer Erklärung.

Marcus brüllte hinunter: „Etwa fünfzehn Doppelschritte nordwestlich von hier liegt ein lebloser Körper in germanischem Gebiet!"

Der Offizier eilte zurück zu den hinter ihm wartenden Soldaten, die sich auf das Warnzeichen hin zum Einsatz bereit gemacht hatten. Marcus hörte die erteilten Befehle nicht genau, aber er sah sehr wohl, wie sich etwa zwanzig der Männer zu einer geordneten Gruppe formierten und Kurs auf das Tor nahmen.

Schnell verließ er unerlaubt seinen Posten und schloss sich ihnen unauffällig an, ohne dass die Torwachen ihn bemerkten – sie waren zu sehr damit beschäftigt, sich den Hals nach dem Grund für die ganze Aufregung zu verrenken.

Im Laufschritt legten sie die kurze Distanz bis zum leblosen Bündel zurück. Dort angekommen behielten ein paar Späher den nahe liegenden Wald im Auge, während die anderen schweigend auf den Körper starrten.

Marcus besah die Szene genau. Dieser auf dem Bauch liegende Jemand konnte nicht mehr leben: Die Gliedmaßen waren seltsam verdreht. Es sah so aus, als wäre der Körper sorgfältig in seine jetzige Position gebracht worden. Aber auf den ersten Blick konnte man nicht erkennen, woran er gestorben war. Marcus beugte sich ein Stück weiter vor und sah, dass das Gewand des Toten am oberen Rücken einen großen Blutfleck hatte. Er war noch in seinen Beobachtungen versunken, als endlich einer der anderen Soldaten vortrat und den Toten vorsichtig umdrehte.

„Das ist doch Gerbod!", rief ein Legionär, der links von ihm stand, erstaunt. Marcus sah genauer hin und, tatsächlich, es war Gerbod, der Bote und Vermittler zwischen den Römern und den Chatten, mit denen sie Handel trieben. Er war ein intelligenter junger Mann, der gut Latein sprach – als einer der wenigen in seinem Stamm –, weswegen er bei den Römern recht beliebt war und die meisten der alltäglichen Handelsgeschäfte zur beiderseitigen Zufriedenheit abwickelte. Warum sollte ihn jemand umbringen?

Marcus wurde aus seinen Gedanken gerissen, als einer der jüngeren Soldaten vor Schreck leise nach Luft schnappte. Er zeigte auf eine grässlich aussehende und bereits blutverkrustete Wunde über der Brust, aber Marcus' Blick blieb an zwei merkwürdigen Zeichen auf der linken Wange des Toten hängen: Mit Blut hatte jemand einen Speer und einen Helm auf die Haut gemalt. Er zog nachdenklich die Augenbrauen zusammen, denn ihm waren diese Zeichen bekannt.

Er schüttelte sich unwillkürlich und wandte sich ab, während die anderen den Leichnam hochhoben und Richtung Lager trugen.

Am Abend, als seine Ablösung für die Nacht seinen Posten übernommen hatte, lief Marcus zurück durchs Lager.

Plötzlich hielt ihn ein Legionär an: „Marcus Septimus?"

Er nickte.

„Du sollst zum Centurio, sofort."

Marcus sah ihn erstaunt an, doch der andere zuckte nur die Schultern und ließ ihn stehen. Er spürte, wie sich ein ungutes Gefühl in seiner Magengrube ausbreitete. Zum Centurio, jetzt? Er? Das konnte kein gutes Zeichen sein, dachte er, als er sich auf den Weg machte.

Unterwegs kam er an einem Zelt vorbei, aus dem er aufgeregte Stimmen hörte. Er blickte sich vorsichtig um und schlich dann näher. Durch die dünne Plane konnte er jedes Wort verstehen.

„Schau dir das genauer an: Einen Mann von hinten mit dem Schwert zu töten!"

„Schlimmer als das, Flavius, schlimmer", hörte Marcus den Legionsarzt sagen. „Siehst du den Einstichwinkel? Der Mörder muss ihn mit seinem eigenen Körper auf dem Boden gehalten und dann in den Nacken gestochen haben." Seine Neugierde geweckt hätte Marcus gern noch eine Weile zugehört, aber er musste sich beeilen, zum Centurio zu kommen, bevor seine Verspätung auffiel.

Ein Wachsoldat führte ihn durch das Hauptgebäude und blieb schließlich vor einer schweren Tür stehen. „Da, hinein mit dir." Bei diesen Worten wurde Marcus nicht gerade weniger mulmig, doch er versuchte, sich nichts anmerken zu lassen. Als er anklopfte, wurde er aufgefordert, den Raum zu betreten.

„Salve, Centurio", sagte er angespannt. Der Centurio bedeutete ihm lächelnd, näher zu kommen, und begrüßte ihn mit einem freundlichen Schlag auf die Schulter. Marcus war überrascht und ein wenig verwirrt. So viel Freundlichkeit zeigte der Centurio seinen Männern gegenüber nur sehr selten. Und was sollte er mit einem unerfahrenen Legionär wie ihm schon zu besprechen haben, was ein solches Verhalten erklären würde?

„Und du bist also der aufmerksame Wachtposten, der heute Morgen den Leichnam des armen Gerbod entdeckt hat?“, fragte der Centurio schließlich lächelnd. „Hast du noch etwas anderes bemerkt, bevor du ihn gefunden hast?“

Marcus schüttelte den Kopf und erklärte: „Es herrschte dichter Nebel und es war alles sehr still. Ich war erst eine Stunde auf dem Posten, als sich der Dunst lichtete und ich etwas erkennen konnte.“

„Hast du den Toten gesehen?“

Der junge Legionär nickte etwas beklommen und berichtete, wie er mit den anderen Soldaten vor das Tor gegangen war, um das Opfer zu identifizieren. Er erwähnte auch die seltsamen Zeichen auf Gerbods Wange, als der Centurio ihn unterbrach.

„Genau, die Zeichen. Kennst du sie?“

Marcus trat etwas unbehaglich von einem Bein aufs andere. Der ältere Mann musterte ihn und lächelte ihm beruhigend zu. „Keine Angst, Junge. Vor mir brauchst du das Wissen um Mithras nicht zu verbergen. Die Zeichen gehören, wie du sehr wohl weißt, zum dritten Initiationsgrad – dem Soldaten. Ich selbst gehöre seit Jahren zum inneren Zirkel der Mithrasgläubigen in Mogontiacum.“

Marcus entspannte sich wieder, schwieg aber immer noch unbehaglich.

„Nun gut“, brummte der Centurio und lief einige Male vor Marcus auf und ab, scheinbar in Gedanken versunken. Er wandte sich ihm wieder zu: „Mehr werden wir zwei dazu jetzt auch nicht herausfinden – ich denke, du kannst gehen. Sicher möchtest du nach deiner langen Wache auch noch etwas essen und dann ausruhen.“

Er lächelte noch einmal, Marcus nickte dankbar und verließ auf eine ungeduldige Handbewegung des Centurio hin den Raum.

Auf dem Rückweg kam er wieder am Lazarettzelt vorbei,

und seine Gedanken wanderten plötzlich zurück zu dem Gespräch, das er belauscht hatte. Wegen seiner Nervosität war ihm das während der Unterredung mit dem Centurio völlig entfallen, aber nun schienen alle Mosaiksteinchen ein Bild in seinem Kopf zu ergeben.

Er blieb wie vom Donner gerührt stehen und konnte sich nur mit Mühe davon abhalten, sich die Hand vor die Stirn zu schlagen: Vielleicht war Gerbod ein Mitglied des Mithraskults gewesen, vielleicht war der Mord Rache der Germanen an einem Abtrünnigen, der ihre eigenen, nordischen Götter verraten hatte und immer römischer wurde? Man hatte ihn erstochen wie den Stier in der Mythengeschichte – das klang fast nach einem Opfer. Die Symbolik war jedenfalls kaum zu übersehen. Aber woher kannten die Germanen die Symbole? Anhänger des Mithras waren zu absolutem Stillschweigen verpflichtet – war Gerbod unvorsichtig gewesen, hatte er etwas ausgeplaudert?

Auf einmal packte jemand Marcus am Ellenbogen und zog ihn quer über einen weniger genutzten Teil des Lagerplatzes. Nachdem er den ersten Schrecken überwunden hatte, versuchte er, sich ruckartig zu befreien und erhaschte dabei einen Blick auf das Gesicht der Person, die ihn überrumpelt hatte – und erschrak gleich noch einmal. Es war Lucretia, die Tochter des Centurio. Marcus blinzelte sie überrascht an und ließ dann wortlos zu, dass sie ihn erneut am Arm fasste und hinter einen Stapel Baumaterial zerrte.

Dort angekommen wollte er eine Erklärung von ihr fordern, hatte aber keine Chance, etwas zu sagen, weil sie ihn sofort mit Fragen bombardierte: „Du hast ihn gefunden! Gerbod, du hast ihn gefunden! Was war mit seiner Leiche? Mein Vater will mir nichts erzählen, wie immer! Ich habe versucht, zu ihm ins Krankenzelt zu kommen, aber der Eingang wird bewacht, und ich konnte das Gespräch zwischen dem Arzt und seinem Gehilfen nicht belauschen, weil du mir in die Quere gekommen bist. Also erzähl: Was hast du gesehen und was hat der Arzt festgestellt?"

Marcus schnappte ein paar Mal nach Luft, bevor er selbst eine viel dringender scheinende Frage an sie richtete: „Warum willst du das alles wissen? Was hast du damit zu tun, eine Frau?"

Lucretia schnaubte. „Was soll das denn heißen, ‚eine Frau'?" Sie schwieg für einen Moment und Marcus sah im Fackellicht, wie sich Tränen in ihren Augen sammelten. „Gerbod war mein Geliebter, wir … wir wollten heimlich heiraten. Alles war so gut wie arrangiert, seine Familie war begeistert von der Idee. Gestern Abend war er sogar noch bei mir!"

Marcus stutzte. Die Familie von Gerbod befürwortete eine Hochzeit mit einer Römerin? Während er darüber grübelte, hatte Lucretia ihre Erklärung beendet und wurde ungeduldig. „Jetzt sag schon, was du weißt!"

Marcus legte ihr stotternd und stockend seine Theorie dar: Dass Gerbod von Germanen umgebracht worden war, weil er Anhänger des Mithraskultes und seine Lebensweise zu römisch geworden waren – kurz und gut, dass er ein Verräter seines Volkes war und man deshalb Rache genommen hatte. Lucretia schüttelte ungeduldig den Kopf. „So kann das nicht gewesen sein. Ich weiß ganz genau, dass Gerbod nicht Anhänger des Mithraskultes war – also kann er deshalb nicht umgebracht worden sein! Merkst du denn nicht, dass hier irgendwas einfach nicht stimmt?" Marcus nickte nachdenklich, konnte jetzt aber erst recht keinen Sinn mehr in den Geschehnissen erkennen.

Nach einem langen und anstrengenden Tag kam er in seine Unterkunft und wollte eigentlich nur noch eines: Ruhe. Aber seine Kameraden hatten offenbar anderes im Sinn und unterhielten sich noch lautstark. Natürlich war der Leichenfund das Hauptthema. Einer der Legionäre berichtete, wie er letzte Nacht seine Patrouillenrunde um das Lager gedreht hatte. Dabei war er auch an der Bauhütte vorbeigekommen und dort hatte er einen Eindringling überrascht, der allerdings fliehen konnte.

Und noch eine neue Information, dachte Marcus frustriert, mit der ich nichts anfangen kann, zumindest nicht mehr diese Nacht. Mit diesem Gedanken schlief er endlich ein.

Der nächste Morgen brach genauso kalt und ungemütlich herein wie der davor. Und auch ansonsten war alles genauso wie am Tag zuvor. Als Marcus dieses Mal seinen Blick über das Gelände schweifen ließ, fiel ihm immerhin keine Leiche ins Auge. Dafür waren seine Gedanken noch genug mit den Ereignissen, die damit verbunden waren, beschäftigt. Es musste einfach einen Zusammenhang geben: Eindringlinge im Lager waren selten genug, und direkt danach fand man die Leiche eines germanischen Vermittlers – das war doch schon kein Zufall mehr! Der Eindringling musste ein Außenstehender gewesen sein – wer sollte sonst fliehen? –, aber nur Gerbod kannte sich gut genug im Lager aus, um sich mühelos zurechtzufinden. Und wenige Stunden später war er tot. Aber was hatte er gewollt? Warum sollte er in die Bauhütte einbrechen? Marcus beschloss, auf dem Weg zu seinem Schlafplatz die Bauhütte genauer zu untersuchen. Aber bis dahin musste er noch im kalten Nebel ausharren, der heute keine Anstalten machte, sich zu lichten.

Nach einem ziemlich ereignislosen Tag machte Marcus den Umweg zur Bauhütte. Dort traf er einen Maurer: ein junger Bursche, etwa so alt wie er selbst. Betont beiläufig fragte er: „Hast du eigentlich was von dem Einbruch gestern Nacht bemerkt?“

Der Handwerker nickte eifrig und platzte förmlich damit heraus: „Natürlich! Also ich glaube, die waren hinter den

Plänen her."

„Welchen Plänen?"

„Hier in der Bauhütte werden alle Pläne für die Erneuerung und Erweiterung des Lagers aufbewahrt, inklusive aller strategisch wichtigen Verteidigungspläne mit geheimen Zugängen."

„Ich wusste gar nicht, dass das alles hier herumliegt – so was hält man doch normalerweise unter Verschluss. Fehlt denn irgendetwas?"

„Nein, es ist alles da, aber nicht so, wie wir es zurückgelassen haben."

Marcus nickte abwesend und verabschiedete sich.

In dieser Nacht fand Marcus keinen Schlaf, denn seine Gedanken hielten ihn wach. Gerbod musste etwas mit den Plänen zu tun gehabt haben, er musste der Eindringling gewesen sein. Er wurde von dem wachhabenden Legionär gestört, als er die Pläne betrachtete, und flüchtete. Und dann?

Die letzten Stunden Gerbods waren ein einziges Rätsel: Es gab keine Zeugen, keine Beweise, nichts. Dann fiel Marcus ein, dass Gerbods Familie noch nicht im Lager erschienen war, um den Leichnam abzuholen. Warum waren sie noch nicht gekommen? Wussten Sie schon, dass Gerbod verblichen ist? Oder fürchteten sie die Römer? Wenn ja, aus welchem Grund?

Da kam ihm ein neuer Verdacht: Gerbod war von seiner Familie geschickt worden, um die Pläne für das Kastell zu stehlen, und weil er noch nicht zu ihnen zurückgekehrt war, mussten sie davon ausgehen, dass er gefasst worden war.

Marcus stand am folgenden Morgen auf und war überzeugt davon, des Rätsels Lösung näher gekommen zu sein. Er suchte den Offizier auf, der zwei Tage zuvor den Suchtrupp zur Leiche geschickt hatte, und berichtete ihm von seinen Theorien. Der Offizier schaute ihn daraufhin durchdringend an und sagte schließlich mit einem grausamen Lächeln: „Du hältst dich für ganz besonders schlau, was?"

Eine halbe Stunde später stand Marcus – immer noch erschüttert – vor Lucretia und versuchte, ihr möglichst schonend zu erklären, was er soeben gehört hatte: „Es war alles eine doppelte Täuschung: Gerbod wurde nicht wegen seines Glaubens ermordet, sondern deinetwegen." Lucretia wollte ihn unterbrechen, doch er gebot ihr mit einer erhobenen Hand, zu schweigen, und fuhr fort.

„Dein Vater hat herausgefunden, dass ihr heiraten wolltet, und hielt einen dahergelaufenen Germanen nicht für einen angemessenen Schwiegersohn – daher gab er den Mord in Auftrag. Ein Offizier im Lager ist in dich verliebt, und dein Vater hat ihm versprochen, dass er dich zur Frau bekommt, wenn er Gerbod aus dem Weg räumt. Um das zu vertuschen, haben sie deinem Geliebten eine Verbindung mit dem Mithraskult angedichtet und noch ein weiteres Ablenkungsmanöver benutzt: Sie haben einen Soldaten, der Gerbods Statur hatte, als Doppelgänger benutzt, ihn angewiesen, sich vom Wachposten beim Einbruch in die Bauhütte überraschen zu lassen, und ihn mit Geld zum Schweigen gebracht. So haben sie nicht nur einen Grund konstruiert, deinen Geliebten umzubringen, sondern auch noch den Verdacht auf die Germanen gelenkt."

Lucretia starrte ihn entgeistert an. „Woher weißt du das alles?"

„Der Offizier, der ihn umgebracht hat, hat es mir gestanden."

„Warum sollte er das tun?"

„Weil er sich damit brüsten wollte; der Centurio weiß zwar davon, aber er brauchte jemanden, den er damit beeindrucken konnte. Niemand kann ihm etwas beweisen, niemand kann ihm etwas tun. Es gibt keine direkten Zeugen, die aussagen könnten oder wollten, und ich selbst bin zu unwichtig, als dass mir jemand glauben würde, bevor man mich umbrächte. Er wird ungestraft davonkommen – und du vermutlich seine Frau."

Die Tochter des Centurio sah ihn nachdenklich an. Wie aus heiterem Himmel lächelte sie ihn schließlich bitter an, machte auf dem Absatz kehrt und ließ Marcus allein neben dem Stapel Baumaterial stehen.

Totenholz

Juergen Edelmayer

Kommissar Auguste Le Meur verbrachte den Sommerurlaub in seinem Wochendhaus, das er sich vor einigen Jahren in Taunusstein-Hambach gekauft hatte.

Nach einem anstrengenden Arbeitsjahr fiel es ihm sehr schwer, einfach abzuschalten. Auch nach zwei Tagen war er gedanklich noch bei seinen zurückliegenden Fällen.

Als er am Morgen des dritten Tages die Lokalzeitung aufschlug, fiel sein Blick auf zwei Schlagzeilen, die um die Vorherrschaft auf der Titelseite zu kämpfen schienen. "Entflohener Strafgefangener im Taunus vermutet" lautete die erste, "Achtjähriges Mädchen verschwunden" die zweite.

Entgegen seines Vorsatzes, endlich einmal einen unbeschwerten Urlaub zu verbringen, suchte Auguste Le Meur nun doch das Polizeirevier in Bad Schwalbach auf. Dort erfuhr er, dass die zuständige kriminalistische Abteilung derzeit völlig überfordert war, weil sich einerseits zwei Kollegen im Krankenstand befanden, und andererseits ungewöhnlich viele Fälle offen waren. Dazu hatte noch eine Kollegin Urlaub.

„Und dann noch der entlaufene Irre und ein seit zwei Tagen vermisstes Kind. Ich weiß gar nicht mehr, wo mir der Kopf steht“, erklärte der zuständige Kollege. „Den Fall des Ausbrechers wird zum Glück das Landeskriminalamt übernehmen“, fügte er noch hinzu.

Und da Le Meur sowieso dort arbeitete ...

Zwei Telefonate später durfte der stattliche Wiesbadener Kommissar offiziell ermitteln: Wie es der Zufall so wollte, überlegte Le Meurs Vorgesetzter gerade, wen er auf den Fall ansetzen konnte, als der Kommissar ihn anrief.

Das Briefing war schnell erfolgt. Der Gesuchte war Goran Wenger, ein Gewaltverbrecher und Psychopath, der aus der geschlossenen Abteilung einer psychiatrischen Klinik in Mainz ausgebrochen war. Wenger hatte dort wegen Totschlags in Verbindung mit schwerem Raubüberfall auf eine Bankfiliale eingesessen. Die Beute war bis heute nicht wieder aufgetaucht. Der Anwalt des Kriminellen hatte es geschafft, ihn und seinen Komplizen, Werner Krasnik, für geisteskrank erklären zu lassen. Krasnik, der zeitgleich mit Wenger hatte ausbrechen wollen, war noch auf dem Klinikgelände festgenommen worden.

Nach der Flucht hatte es die eine oder andere Sichtung des Verbrechers gegeben. Die Spur hatte sich letztendlich in einem unterhalb des Hahner Kreckelberges befindlichen Waldstücks, das hier unter der Bezeichnung Totenholz bekannt war, verloren. Es hieß, dass es dort spukte.

„Spuk?" Le Meur hoffte, sich verhört zu haben.

Der Bad Schwalbacher Kollege wand sich. „Nun ja, das ist natürlich nur eine Legende. Vor Beginn der beiden Weltkriege, so die Überlieferung, soll über dem Odenwald regelmäßig ein gespenstischer Pferdezug am Himmel erschienen sein, ein Geisterheer, das unter der Führung des Ritters von Rodenstein mit Kettengerassel, Hufgetrampel und Waffengeklirr durch die Lüfte zog."

„Wir sind hier nicht im Odenwald", unterbrach ihn Le Meur.

„Ich bin noch nicht fertig", antwortete der Kollege mit einem entschuldigenden Lächeln. „Von einem der Reiter heißt es, dass er sich von der wilden Horde am Himmel gelöst und in den Untertaunus abgesetzt hat. Seither soll er hier bei uns ruhelos durchs Totenholz streifen."

„Sie glauben das?", fragte Le Meur.

„Ist, wie gesagt, nur eine Legende."

„Sie glauben das?", wiederholte der Wiesbadener Kommissar.

„Das Waldstück ist wirklich ein bisschen unheimlich", gab der Bad Schwalbacher Beamte schließlich zu. „Die Leute hier machen alle einen Bogen darum."

Le Meur überlegte. Ein Räuber, der sich verstecken wollte und sich vermutlich gerade im Untertaunus aufhielt, und ein Mädchen, das ausgerechnet jetzt vermisst wurde. Was, wenn die beiden aufeinander getroffen waren?

„Wurde das Totenholz bei der Suche nach dem Mädchen durchkämmt?", fragte er.

„Flüchtig", erwiderte der Polizist. „Es ist zu weit weg von der Stelle, an der sie verschwand. Natürlich haben wir auf den Straßen Kontrollpunkte errichtet. Wir hoffen, dass das Mädchen – sie heißt übrigens Melanie Zink – nicht auf Wenger gestoßen ist." Leise fügte er noch hinzu. „Wenn Wenger sie erwischt haben sollte, dann gnade ihr Gott."

Le Meur wollte zuerst mit Melanies Eltern sprechen und anschließend Werner Krasnik befragen.

Herr und Frau Zink waren beide zu Hause. Der Vater wirkte nervös und brachte es nicht fertig, sich hinzusetzen. Die Mutter schien beherrschter zu sein, wenngleich ihr Gesicht sehr blass war. Natürlich wussten beide von dem Ausbruch Wengers und befürchteten das Schlimmste.

„Wenn sie diesem Kerl in die Hände gefallen ist", sagte der Vater, „und er ihr etwas angetan hat, dann bringe ich ihn um!"

„Sagen Sie: Hatte Ihre Tochter eigentlich eine Lieblingsstelle, wo sie gern spielt? Außer hier zu Hause, meine ich."

„Im Totenholz", antwortete die Mutter. „Da ist sie oft mit anderen Kindern hingegangen. Aber an dem Tag, an dem sie verschwunden ist, war sie auf einem Spielplatz hier in der Nähe."

„Wir haben ihr immer wieder verboten, ins Totenholz zu gehen!", mischte sich Herr Zink ein und ballte die Fäuste.

„Es sind Kinder", wandte seine Frau ein. „Sie machen Mutproben, ohne zu wissen, auf was sie sich da einlassen."

„Mutproben? Was meinen Sie damit?", fragte Le Meur, wobei er die Antwort bereits ahnte.

„Es heißt, da geht der wilde Reiter um. Das ist ..."

„Eine Spukgestalt", vollendete Le Meur den Satz. „Ich habe davon gehört."

Eine Weile stellte er noch diverse Fragen, konnte aber nicht viel mehr in Erfahrung bringen als das, was ohnehin schon im Vernehmungsprotokoll stand.

Le Meur fuhr in seinem roten Alfa Romeo auf die andere Rheinseite zu der Psychiatrie, in der noch Wengers Kumpane saß. Auf dem Psychiatriegelände angekommen, wurde der Kommissar von einem Angestellten zu dem Trakt gebracht, der Krasniks gegenwärtiger Aufenthaltsort war.

„Krasnik ist noch im Therapieraum", begrüßte der zuständige Arzt den Polizisten. „Ah, da kommt er ja."

Der Insasse wurde von einem Pfleger begleitet, der ziemlich angespannt wirkte. Krasnik steuerte auf den Arzt zu und hielt ihm ein Blatt Papier unter die Nase. Der Psychiater verzog angewidert das Gesicht.

„Künstlerische Differenzen", erklärte Krasnik dem Kommissar. Le Meur warf einen Blick auf die Zeichnung, ein wildes Durcheinander pornographischer Skizzen und Nazisymbolen.

„Haben Sie sich inzwischen noch einmal Gedanken darüber gemacht, was Wenger vorhaben könnte?", kam Le Meur gleich zur Sache.

„Keine Ahnung. Was ist passiert, dass die Polizei ein

zweites Mal danach fragt und meine kostbare Zeit raubt?“

„Ein Mädchen ist verschwunden.“

„Vielleicht hat sie ja der wilde Reiter geholt.“ Krasnik kicherte.

„An Ihrer Stelle würde ich mir eher Sorgen machen, dass Wenger mit der Beute alleine durchbrennt“, gab Le Meur ruhig zurück.

„Backe, backe Kuchen“, sagte Krasnik. Aber Le Meur ließ sich nicht täuschen. Er hatte das unruhige Zucken im Auge des angeblich Verrückten sehr wohl registriert.

„Der Bäcker hat gerufen“, sang Krasnik weiter.

Ein Blick zu Krasniks Psychiater, der kaum merklich den Kopf schüttelte, sagte Le Meur, dass er hier nichts mehr erfahren würde. Aber er hatte ohnehin genug gehört. Obwohl nicht direkt aus der Gegend, war Krasnik und Wenger offenbar die Legende vom wilden Reiter bekannt. Wenn ihnen nach dem Überfall seinerzeit die Polizei direkt auf den Fersen gewesen war, hatte es dann einen besseren Platz zum Verstecken der Beute geben können, als das von vielen Einheimischen gefürchtete Totenholz? Da sich dort vermutlich nur selten jemand hin verirrte, hätten sie dort ungesehen zu Werke gehen können.

Vielleicht hatte Wenger dann beim Bergen der Beute nicht mit dem Übermut der Kinder gerechnet. Was, wenn die kleine Melanie in Wirklichkeit dorthin gegangen war, statt zu dem Spielplatz, auf dem ihre Eltern sie wähnten?

Und wenn Wenger tatsächlich dort gewesen ist, hatte er dann eine Chance gehabt, die Gegend unbemerkt zu verlassen? Sämtliche nahegelegenen Straßen wurden überwacht. Sollte er durch Wald und über Felder einen Ort erreicht haben, hätte er schnell einem Passanten auffallen können.

Le Meur beschloss, sich das fragliche Waldstück einmal selbst anzusehen. Nach einer eigenen Sichtung würde er entscheiden, ob er eine neue, gründlichere Durchsuchung anordnete. Der Kommissar besorgte sich eine Wanderkarte und steuerte das Totenholz an. Da er sich zunächst nur einen groben Überblick verschaffen wollte, verzichtete er auf den zweiten Mann, der bei offiziellen Polizeieinsätzen vorgeschrieben ist.

Nachdem er seinen Wagen auf dem kleinen Waldparkplatz abgestellt hatte, schritt er los.

Bald fiel ihm ein altes Gemäuer ins Auge, dessen ursprünglicher Zweck aufgrund seines Verfalls nicht mehr erkennbar war. Le Meur vermutete, dass es sich bei dieser Ruine um die Überreste einer seit Jahrzehnten verlassenen Mühle handelte.

Der Weg dorthin war inzwischen so zugewachsen, dass der Kommissar Mühe hatte, durch das Unterholz voranzukommen. Allerdings war vereinzelt Buschwerk niedergetrampelt worden. Entweder befand er sich auf einem Wildwechselpfad, oder Kinder hatten hier ihren Spaß gehabt. Vielleicht war aber auch ...

Plötzlich hörte Le Meur Stimmen. Eine davon weinerlich – ein Kind. Die andere rau und wütend – ein Mann.

Le Meur beschleunigte seine Schritte und rannte auf das kleine Gebäude zu, in dem sich die Personen aufhielten. Auf dem Weg zückte er sein Handy, denn spätestens jetzt war es an der Zeit, die Kavallerie zu holen. Doch dazu kam es nicht, denn der Akku war leer. Le Meur verfluchte seine Nachlässigkeit. Zurück zum Auto zu rennen kam für ihn nicht in Frage, denn hier war ganz eindeutig Gefahr in Verzug! Also sprintete er weiter zu dem Gebäude.

Mit einem Fußtritt gegen eine nur noch halb in den Angeln hängende Tür verschaffte er sich Zugang zu einem feuchten Raum und blickte direkt in den Lauf einer Pistole, die Wenger auf ihn gerichtet hielt. Der Mann stand gerade soweit weg von der Tür, dass diese ihn nicht erwischt hatte, als der Polizist sie aus den Angeln getreten hatte.

„Sag Lebewohl zu dieser Welt", begrüßte ihn der Kriminelle. Melanie kauerte in einer Ecke, blass und abgemagert, die Augen weit aufgerissen.

Plötzlich ertönte ein Geräusch, dass Wenger für einen Augenblick ablenkte. Zeit genug für Le Meur, um den Ausbrecher mit einem Tritt zu entwaffnen und anschließend mit einem gezielten Handkantenschlag außer Gefecht zu setzen.

„Du brauchst keine Angst mehr zu haben", sagte Le Meur. Während er Wenger Handschellen anlegte, sah er sich um. Irgendwo musste das Geräusch hergekommen sein, das den Verbrecher abgelenkt hatte. Doch es gab nichts zu entdecken.

„Kannst du aufstehen?", fragte er das Mädchen.

„Ja". Melanie erhob sich langsam. „Er hat uns gerettet", sagte sie und sah Le Meur mit großen Augen an.

„Was meinst du?", fragte der Kommissar.

„Der wilde Reiter. Er hat Ihnen geholfen und den bösen Mann abgelenkt."

Le Meur lächelte und schwieg. Aber er sollte noch oft an dieses Geräusch denken, das Wenger irritiert und ihm selbst das Leben gerettet hatte. Ein ungewöhnliches Geräusch, das es in dem dichten Unterholz gar nicht hätte geben dürfen.

Das Geräusch eines galoppierenden Pferdes.

» Anmerkung des Autors: Die wilde Reiterhorde ist eine Legende aus dem Odenwald. Dass sich eins ihrer Mitglieder in den Untertaunus abgesetzt hat, ist reine Erfindung. Bei der Beschreibung der Schauplätze habe ich mir ebenfalls einige Freiheiten erlaubt. Das Gebiet um den Hahner Kreckelberg wird auch nicht gemieden, im Gegenteil. Dort veranstaltet der Gesangsverein „Aartal-Lerchen" Feiern zur Sommersonnenwende.

Zaster

Juergen Edelmayer

Der Himmel über dem Friedhof in Taunusstein Hahn war strahlend blau. Gilbert Mommsen stand vor dem Grab, das noch wenige Stunden zuvor offen gewesen war.

„War mir zuviel los gewesen“, murmelte er. „Kennst mich ja. Hatte noch nie viel mit anderen Leuten am Hut.“

Mommsen drehte seine Kopfbedeckung, eine Melone, in den Händen, während er leise weiter sprach. „Bin immer ein Einzelgänger gewesen, seit ich zurückdenken kann. Lebte in meiner eigenen Welt. Keine Frauen, keine Freunde. Hab niemandem so recht getraut, weißt du?“

Ein Blick gen Himmel zeigte dem Fünfunddreißigjährigen, dass sich das Wetter heute bestimmt nicht mehr ändern würde. Die Erkenntnis brachte ihn zum Lächeln.

„Kaiserwetter für den guten alten Florian. War ja auch nicht anders zu erwarten.“

Ein kurzer Hustenreiz ließ Mommsen für einen Moment den Faden verlieren. Es dauerte einen Augenblick, ehe ihm wieder einfiel, was er hatte sagen wollen. „Richtig, die Sonne. Warst selber immer ein Sonnenschein gewesen. Bist gleich auf mich zugekommen und hast dich von meiner mürrischen Art nicht abschrecken lassen. Da konnte ich anfangs noch so abweisend sein. Du hast mich einfach gemocht, Florian Geller. Das habe ich irgendwann gemerkt, und darum habe ich dich dann auch gemocht.“ Mommsen seufzte. „Ich war der Neue in der Bande. Der Laufbursche, derjenige, der immer die Drecksarbeit machen durfte. Du hast dich gleich für mich eingesetzt. Fiel dir sicher leichter als mir, dir Respekt zu verschaffen. Warst ja so doppelt so breit wie ich und zweieinhalb Köpfe größer. Ich dagegen war immer der kleine flinke Kerl, der seinen Grips anstrengen musste, um den Kopf aus der Schlinge zu ziehen.

Ich habe niemandem getraut. Später, als wir Freunde geworden waren, habe ich dir auch immer gesagt, dass du niemandem vertrauen sollst, nicht einmal mir. Du warst viel zu leichtgläubig. Hast immer von dir auf andere geschlossen und gedacht, dass alle anständig sein müssten, weil du es selbst warst. Na ja, mal davon abgesehen, dass Einbrüche und Überfälle nicht gerade das Ideal bürgerlichen Anstands sind. Aber auf Ganovenehre hast du immer was gegeben. Darum haben dich die anderen auch immer respektiert. Nicht nur wegen deiner breiten Schultern.

Ja, ja, die Gang. Wen gab es denn da noch? Harry, den Kettenraucher, den sicher die Zigaretten früher oder später ins Grab gebrächt hätten. Peter, unseren Boss ... um den war es schon ein bisschen schade. War vielleicht ein wenig zu sehr um Harmonie in der Gruppe bemüht, anstatt diesem Walter einmal richtig die Meinung zu sagen. Ja, und da war eben noch Walter, der alte Fettsack. Außer mir der einzige, den es nicht erwischt hat. Aber du hast ja selbst immer gesagt, dass es diejenigen am wenigsten trifft, die den meisten Schaden anrichten. Dass du und die anderen jetzt tot sind, ist alles Walters Schuld. Hoffentlich gibt es im Knast nicht genug zu fressen für den. Das würde ich ihm von Herzen gönnen, diesem Kotzbrocken. Von wegen ‚Dicke sind gemütlich‘, ha!“ Mommsen wollte schon ausspucken, erinnerte sich aber gerade noch rechtzeitig, wo er sich befand. Also schluckte er das runter, was immer sich in seinem Mund angesammelt hatte.

„Entschuldige bitte, Florian, aber du weißt ja. Walter

konnte mich von Anfang nicht leiden. Wann immer sich ihm die Gelegenheit dazu bot, hat er mich schikaniert und bis aufs Blut gereizt. Jedes Mal, wenn er an mir vorbei ging, hat er mir den Hut vom Kopf geschlagen. Das machte mich immer wütend. Die Melone war das einzige, was mir mein Vater hinterlassen hatte. Wenn man das überhaupt so nennen kann. Ich war keine zwei, als er Mutter und mich hat sitzen lassen. Der Hut blieb zurück und wurde nie weggeschmissen. Keine Ahnung warum. Irgendwann hat er mir dann gepasst. Seither trage ich ihn. Und es würde mir echt was ausmachen, das gute Stück zu verlieren. ‚Du liebst den Hut mehr als einen Freund', hast du einmal zu mir gesagt und richtig traurig dabei ausgesehen. Ich bin still geblieben. Konnte ja nichts dazu sagen, denn du hattest Recht - wie so oft. Ich werde schon sauer, wenn jemand anders nur mal die Melone anfassen will. Aber gerade das machte es für dieses Arschloch Walter ja so reizvoll."

Mommsens Griff um die Melone wurde fester. Die Erinnerung an den dicken Walter machte ihm sichtlich zu schaffen. „Wo er nur konnte, hat er mir eins ausgewischt. Mich um meinen Anteil betrogen. Sofort seinen Anspruch auf alles geltend gemacht, sobald ich nur den Mund aufmachte, um zu sagen, dass mir ein bestimmtes Beutestück gefiel. Ja, ja, die Juwelen. Die hatten's uns angetan. Anfangs wollten wir lieber Banken und Geldtransporte überfallen, um gleich an Bargeld zu kommen, aber Peter hat es uns ausgeredet. Er war wirklich der klügste von uns. Darum hörten wir auch auf ihn.

‚Leute überlegt doch mal', hat er gesagt. ‚Wir haben gerade die Jahrtausendwende gefeiert. In knapp zwei Jahren sagen wir der D-Mark ade und bekommen den Euro. Wenn wir jetzt anfangen, Kohle zu klauen, müssen wir die erstmal 'ne Weile liegen lassen, bis Gras über die Sache gewachsen ist. Dann können wir auch nicht gleich alles auf einmal ausgeben, weil die Scheine registriert sind. Bis wir also soweit sind, dass wir was von dem Geld haben, steht die Währungsreform vor der Tür. Nee Leute, ich sage, wir machen in Edelsteinen. Das Risiko ist geringer und Leute, die gut dafür zahlen, kenne ich auch. Das Geld, das wir dann bekommen, können wir gleich mit vollen Händen ausgeben. Kohle macht nur gierig und bringt nichts als Ärger.'

Recht hat er gehabt, der Peter. Vor allem mit dem Ärger. Das war richtig prophetisch von ihm. Kaum war der Euro da, sind wir nämlich doch ins Geldgeschäft eingestiegen. Die Hehler zahlten einfach nicht mehr genug und nahmen auch kaum noch was von uns an. Also haben wir umgesattelt. Und prompt gab's Ärger. Nein, der Ärger war schon vorher da. Noch zu unseren Juwelenzeiten. Da hättest du es einmal wirklich drauf ankommen lassen. Hättest dich glatt mit Walter für mich geschlagen. Das muss ich dir hoch anrechnen. Obwohl, naja, hätte auch so aussehen können, als wäre ich nicht in der Lage gewesen, meine Probleme selbst zu lösen. Aber ich will dich nicht kritisieren, Florian. Wirklich nicht. Denn ich wäre der Letzte, der dazu das Recht hätte. Jedenfalls weiß ich noch, wie wir zusammen in unserem Quartier saßen. Einem ziemlich heruntergekommenem Kellerraum in einem halb verfallenen Haus, außerhalb von Bad Schwalbach, wo nur ein paar Junkies hausten, die sowieso nichts mitkriegten. Kurz nach dem Bruch beim Schmuckgeschäft in der Wiesbadener Innenstadt, da wollte mir Walter wieder einmal etwas streitig machen. Er hatte bereits ein Schmuckstück zugesprochen bekommen, eine Halskette mit Rubinen. Hätte beim Hehler nicht viel gebracht. Viel zu auffällig. Aber er wollte es seiner Lieblingsnutte schenken. Hatte ja sonst kein Mädchen, fett wie der war. Jedenfalls war ich nun dran mit Aussuchen. Ein Smaragdring war's, der mir so gefiel. Ich streckte meine Hand aus, um danach zu greifen, aber Walter schlug sie beiseite und rief: ‚Der ist mir!‘ Ich fragte ihn, ob er noch alle Tassen im Schrank habe und griff erneut nach dem Ring. Patsch, schlägt dieser Idiot doch wieder meine Hand weg. Und dann, wieder Patsch, haut er mir den Hut vom Kopf. Da ist bei mir ’ne Sicherung durchgebrannt, und ich hab dem Kerl direkt eine reingehauen. Mitten auf die Nase. Leider nicht fest genug, um sie aufplatzen zu lassen. Muss Walter aber doch weh getan haben, denn er war weiß vor Wut. Er ist mit einer Geschwindigkeit von seinem Stuhl hochgeschossen, die ich ihm niemals zugetraut hätte und hat nur rumgeschrien. ‚DAFÜR MACH ICH DICH ALLE, FERTIG MACH ICH DICH!‘ Ich war sicher auch blass im Gesicht, aber wohl mehr aus Angst vor dem, was ich angerichtet und nun zu erwarten hatte.“

Mommsen hörte Schritte und drehte sich um. Zwei Grabreihen weiter ging eine ältere Frau entlang und blieb schließlich vor einem Grab stehen. Er drehte sich wieder um und fuhr in seinem Monolog fort.

„Ich bin dir einiges schuldig, Florian. Nicht nur, dass du damals eingegriffen und dich zwischen Walter und mich gestellt hast. ‚Wage es, den Jungen anzurühren und ich schlag dir die Zähne aus dem Maul‘, hattest du gesagt. Jeder wusste, dass es dir damit ernst gewesen ist. Sogar der blöde Fettsack von Walter. Der hatte nur kurz überlegt, ob er es mit dir aufnehmen soll, sich dann aber klugerweise dagegen entschieden. Still hat er sich wieder hingesetzt. Den Blick, den er mir dabei zuwarf, werde ich nie wieder vergessen. So viel Hass lag darin.“

Mommsen drehte sich erneut um, weil er wieder Schritte hinter sich hörte. Es war dieselbe Frau wie vorher. Sie hielt eine Gießkanne in der Hand und ging zu einem Becken, um sie aufzufüllen. Mommsen beobachtete sie eine Weile, aber die Frau schenkte ihm keine Beachtung und goss die Blumen auf dem Grab, das sie besuchte.

„Ich werde wohl langsam paranoid“, murmelte er und drehte sich wieder zu Florians letzter Ruhestätte.

„Jedenfalls war seit unserer Auseinandersetzung mit Walter der Wurm drin. Ständig lag eine Spannung in der Luft, die wir alle spürten. Tja, und ausgerechnet da landeten wir unseren größten Coup. Mit Bargeld. Satte viereinhalb Millionen. Die gesamten Wochenendeinnahmen vom Bleidenstädter Einkaufszentrum an der Aarstraße, inklusive der Lottokasse, die ebenfalls prall gefüllt war, weil die Riesensumme im Jackpot alle Welt verrückt gemacht hatte und selbst solche Leute dazu brachte, ihr Glück zu versuchen, die sonst nie spielten. Und es war das erste Wochenende in diesem Monat gewesen, das Wochenende, wo die Leute noch Geld in der Tasche haben und ganz wild darauf sind, es auszugeben. Da saßen wir also in unserem Quartier, zwei Stockwerke unter den Junkies und beratschlagten, was wir mit dem Zaster anfangen sollten. ‚Liegen lassen, bis Gras über die Sache gewachsen ist‘, meinte Peter. ‚Das Geld liegt vorerst sicher in dem Gepäckschließfach im Wiesbadener Hauptbahnhof. Alles, was wir tun müssen, ist, ab und zu etwas Geld für die Miete in den Münzschlitz zu werfen.‘

‚Mir gefällt das nicht‘, hatte Harry daraufhin gesagt, während er nervös eine Zigarette aus der Schachtel fingerte.

‚Mir auch nicht‘, pflichtete Walter ihm bei und fragte: ‚Wer hat überhaupt den Schlüssel für das Fach?‘

‚Ich‘, erklärte Peter.

‚Wieso du?‘, wollte Walter wissen.

‚Weil ich euer Anführer bin‘, erwiderte Peter zwar ruhig, aber die Luft im Raum wurde immer dicker und die Stimmung drohte umzuschlagen.

‚Mir gefällt das nicht‘, wiederholte Harry, während er, die unangezündete Zigarette im Mundwinkel, in seinen Taschen wühlte.

‚Ich finde, wir sollten uns mit dem Schüssel abwechseln‘,

meinte Walter, lehnte sich in seinem Stuhl zurück und verschränkte die Arme vor der Brust.

‚Traut ihr mir etwa nicht?', fragte Peter und blickte in die Runde.

‚Ich traue niemandem', versetzte der Dicke kurz..

Peter lehnte sich in seinem Stuhl zurück und sah uns der Reihe nach an.

‚Will noch jemand etwas dazu sagen?' fragte er.

‚Ich vertraue dir', sagtest du, Florian.

‚Ich auch', erklärte ich. Worauf du mich erstaunt ansahst.

‚Walters Idee, sich mit dem Schlüssel abzuwechseln, finde ich eigentlich gar nicht so schlecht', meldete sich Harry zu Wort.

‚Zwei Stimmen dafür, zwei dagegen', stellte Peter fest. ‚Meine gibt den Ausschlag.'

‚Lass uns den Schlüssel wenigstens mal sehen', forderte Walter, der seine Wut nur mühsam im Zaum halten konnte. ‚Dann wissen wir wenigstens, dass es dieses Schließfach überhaupt gibt.'

‚Du traust mir tatsächlich nicht', stellte Peter fest. Er wirkte richtig traurig darüber. ‚Na gut, wie du willst.' Er griff nach seinem Jackett, das über seiner Stuhllehne hing und langte in die Tasche. Irgendetwas stimmte nicht, denn jetzt wurde Peter nervös. Er riss an dem Jackett herum und durchsuchte die anderen Taschen. Dabei wurde sein Gesicht immer blasser. ‚Er ist weg', murmelte er schließlich.

‚WEG? WAS SOLL DAS HEIßEN, ER IST WEG?' Walter hatte plötzlich seine Pistole in der Hand. Er sprang so hastig auf, dass der Stuhl hinter ihm umkippte. ‚ICH GEBE DIR GENAU DREI SEKUNDEN, DANN LIEGT ENTWEDER DER SCHLÜSSEL ODER DAS GELD AUF DEM TISCH. HAST DU DAS VERSTANDEN?'

‚Ich ... ich verstehe das nicht', stotterte Peter.

‚WO IST DER VERDAMMTE ZASTER?', brüllte Walter. ‚DU DACHTEST WOHL, DU KÖNNTEST UNS ALLE VERARSCHEN, WAS?'

Du wolltest aufstehen, Florian, aber Walter sah deine Bewegung im Augenwinkel und schwenkte die Waffe in deine Richtung.

‚BLEIB GEFÄLLIGST AUF DEINEM ARSCH HOCKEN!'

Ausgerechnet jetzt, im bescheuertsten aller Momente, wurde Peter doch tatsächlich einmal wütend. Er stand auf, stemmte seine Fäuste auf die Tischplatte und beugte sich nach vorn zu Walter.

‚ICH WILL HIER NIEMANDEN VERAR ...'

Weiter kam er nicht, denn Walter drückte ab. Es gab eine Riesensauerei. Walters Pistole war von großem Kaliber, und er hatte Peter mitten ins Gesicht getroffen. Wir waren wie vom Donner gerührt.

‚Bist du wahnsinnig?', hattest du gestottert, Florian. Du warst völlig fassungslos gewesen. ‚Was hast du getan?'

Walter schien absolut unbeeindruckt. ‚Ich will jetzt wissen, wo der verdammte Schlüssel ist', flüsterte er, und dieses Flüstern beunruhigte uns mehr als das ganze Gebrüll zuvor. ‚Habt ihr das endlich kapiert?'

‚Wir müssen sofort verschwinden', brachte Harry hervor. ‚Der Schuss und das Gebrüll sind sicher Kilometer weit zu hören gewesen. Davon sind bestimmt sogar die Junkies über uns aufgewacht. Wenn nun einer die Bullen gerufen hat, und die bereits auf dem Weg hierher sind ...'

‚IST MIR SCHEIßEGAL', gab Walter zur Antwort. ‚ICH WILL DEN VERDAMMTEN ZASTER! UND WENN ICH EUCH ALLE ABKNALLEN MUSS!'

‚Mensch, sei doch vernünftig', flehte Harry, der von uns noch den besten Draht zu Walter hatte. Wenn es einem gelingen konnte, Walter zu beruhigen, dann ihm. Harry legte seine Hand auf Walters Arm, um ihm die Waffe abzunehmen. Zu früh. Hätte er es doch nur langsamer angehen lassen. Wir beide waren zu weit weg und mussten hilflos zusehen, wie Walter reflexartig die Schusshand hob und abdrückte. Harry gab nur ein gurgelndes Geräusch von sich und rutschte am Tisch entlang auf den Boden. Jetzt gab es nur noch uns drei, und Walter ließ keinen Zweifel daran, wem es als nächsten an den Kragen gehen sollte. Es ist kein schönes Gefühl, in den Lauf einer Pistole zu blicken, die ein Kerl in den Händen hält, der einen ohnehin nicht leiden kann, und der nur wenige Augenblicke zuvor bereits zwei Menschen erschossen hat.

‚Du hast den Schlüssel, nicht wahr?', zischte Walter. ‚Los, gib es zu!'

Ich konnte keinen Ton herausbringen. Mein Mund war völlig trocken. Ein leichtes Kopfschütteln war alles, was ich zustande brachte.

‚Lass doch den Jungen in Ruhe', sagtest du, Florian, und hattest dich schon halb vom Stuhl erhoben. Walter schien dich völlig zu ignorieren. Sein ganzer Hass konzentrierte sich in diesem Moment allein auf mich.

‚Ich mach dich fertig, du Arsch', sagte er gefährlich leise. ‚Du kannst dir nur noch aussuchen, ob es langsam oder schnell mit dir zu Ende geht. Gib mir den Schlüssel und du kriegst einen sauberen Schuss dahin, wo du es willst. Wenn nicht, such ich mir eine Stelle aus. Und glaub mir, das wird verdammt weh tun.'

Ich war immer noch unfähig, etwas zu sagen. Aus dem Augenwinkel konnte ich sehen, wie du dich langsam in Position brachtest. Walter schien immer noch keine Notiz von dir zu nehmen. Du schaffst es, dachte ich. In diesem Moment hatten wir tatsächlich noch eine Chance. Dann zersplitterte direkt hinter dir ein Fenster. Offensichtlich hatten wir es geschafft, mit unserem Lärm sogar die Junkies obendrüber aus ihrem Drogenschlaf zu reißen. Walters Geballer musste ihnen so viel Schiss eingejagt haben, dass sie die Bullen alarmierten. Bevor eine Blendgranate ihre Wirkung entfaltete, konnte ich noch sehen, wie Walter herumwirbelte und den Rest seines Magazins in deine Richtung abfeuerte. Ich weiß nicht, ob er auf dich oder das Fenster hinter dir zielte. Jedenfalls waren deine Wunden tödlich. Ich war rechtzeitig unter den Tisch getaucht und so dem Kugelhagel entgangen, den die SEK-Leute auf Walter abfeuerten. Zugleich schützte mich die Tischplatte davor, geblendet zu werden. Walter blieb wie durch ein Wunder unverletzt. Und dieses Wunder hatte er dir zu verdanken. Denn du warst immer noch nicht zusammengebrochen, sondern aufrecht gegen den Tisch gestützt stehen geblieben. So hat dein Körper die Kugeln abgefangen, bevor sie ihn treffen konnten.

Männer in Kampfanzügen stürmten herein und brüllten Kommandos. Auf allen Vieren bewegte ich mich so schnell ich konnte weg vom Ort des Geschehens. Aus der Ferne bekam ich noch mit, wie Walter festgenommen wurde.

Niemand achtete auf mich. Ich war schon ein gutes Stück entfernt und der Rauch aus der Granate schützte mich vor Entdeckung. Ich war schmal und flink und kannte mich gut aus in dem Gebäude. Es gab da diesen Gully im Keller, von dem keiner wusste, was er dort unten sollte. Ich hatte den Deckel hochgehoben, bin hinein auf die sich darin befindliche Leiter geklettert, und habe über mir mit dem schweren Deckel die Öffnung verschlossen. Das war eine ganz schöne Anstrengung, kann ich dir sagen. Zum Glück war das Tohuwabohu der umherrufenden Einsatzleute so laut, dass niemand die Geräusch wahrnahm, die ich verursacht hatte.

Nachdem ich eine Weile in meinem Versteck ausgeharrt hatte, bis der Großteil des Sondereinsatzkommandos wieder abgezogen war, schlich ich mich nach oben und verließ das Haus durch ein Fenster auf der rückwärtigen Seite, ohne dass der verbliebene Posten mich bemerkt hätte. Ich verschwand ins Freie, ehe die Spurensicherung anrückte und alles auf den Kopf stellte. Kaum zu glauben, dass das erst vier Tage her ist. Und ein wahrer Glücksfall, dass ich erfahren habe, wann deine Beisetzung stattfindet."

Mommsens Stimme wurde brüchig. Der schmächtige Ganove holte ein Taschentuch hervor und schnäuzte sich die Nase. Nachdem er damit fertig war, lauschte er eine Weile den Stimmen, die vom nahe gelegenen Freibad zum Friedhof herüber drangen. Schließlich widmete sich Mommsen wieder seinem verstorbenen Kumpan.

„Es bedeutet mir wirklich viel, dass ich mich hier von dir noch persönlich verabschieden kann. Denn ich habe dir jetzt etwas zu sagen. Und das fällt mir wirklich verdammt schwer."

Mommsen musste erneut inne halten und Luft holen. Er räusperte sich, um die Kehle frei zu bekommen.

„Du hast immer mit allem Recht gehabt, Florian. Als ob du geahnt hättest, wie es mit uns ausgeht, hast du immer gesagt, dass diejenigen am heilsten aus dem Unglück kommen, die es selbst angerichtet haben. Und du wusstest auch, dass ich meinen Hut mehr liebe als alles andere auf der Welt, mehr als meine besten Freunde. Aber mir hast du immer vertraut, und ich frage mich, wie du dich so täuschen konntest."

Als hoffte er, eine Antwort von dort zu erfahren, starrte Mommsen auf das Innenfutter seiner Melone. Dort befand sich, mit einem Stück Klebeband befestigt, der Schlüssel.

Blutsbande

Maria Esch

Es war schon sehr spät, als ich die S-Bahn in Eppstein verließ. Dichter Nebel lag über dem Tal. Fröstelnd schlug ich meinen Mantelkragen hoch. Mit eisigen Fingern zog ich die kleine Taschenlampe aus meiner Handtasche, steckte mir das Handy in die Manteltasche und marschierte los. Der Weg war rutschig, die Straße mit einer dünnen Eisschicht überzogen. Achtsam stiefelte ich Richtung Neufvilleturm hinauf.

Von irgendwo her ertönte ein leises Geräusch. Ein Klingeln, eine Melodie? Im schwachen Schein meiner Taschenlampe erspähte ich einen Gegenstand: Es war ein kleiner Rucksack. Neugierig hob ich ihn auf.

Ich zögerte. Sollte ich ihn an mich nehmen, oder einfach liegen lassen? Kurzerhand entschloss ich mich, ihn mitzunehmen. Rasch setzte ich meinen Weg fort.

In Gedanken war ich bei dem Treffen mit meinen Freundinnen in Hofheim, von dem ich gerade kam. Alle waren da gewesen. Alle. Außer Judith. Seltsam, das ist absolut nicht Judiths Art ...

Mein Blick fiel erneut auf den Rucksack, der an meiner Hand neben mir herschlenkerte. Wem mag das Fundstück gehören? Ich fingerte an dem Verschluss, um an das Handy zu gelangen, dessen Klingeln mich eben gelockt hatte. Aber der Reißverschluss klemmte. Ich gab auf und nahm mir vor, zuhause in Ruhe nachzusehen.

Die Neugierde trieb mich den Berg hinauf. Der Bewegungsmelder sorgte dafür, dass die restlichen Schritte bis zur Treppe ausgeleuchtet wurden.

Ein Geräusch von raschelndem Laub ließ mich inne halten. Lag dort etwas unter den alten Eichenbäumen?

Mit zitternden Händen knipste ich meine Taschenlampe an. Schritt für Schritt bewegte ich mich auf die Bäume zu. Im schwachen Lichtschein entdeckte ich eine Gestalt. Ein Mensch, dessen Kopf mit einer dunklen Mütze bedeckt war. Das Gesicht lag im Laub vergraben.

„Hallo, wer sind Sie, sind Sie verletzt?“ Es war mehr ein Stammeln als eine Ansprache. Zögerlich setzte ich einen Fuß vor den nächsten, Beklemmung stieg in mir hoch. Wer konnte das sein?

„Hallo, sind Sie bei Bewusstsein?“ Ich bückte mich, tastete nach dem Fremden, der reglos auf der Erde lag. Und dann blickte ich in den Lauf einer Pistole. Meine Knie gaben nach und bohrten sich in das gefrorene Laub. Die Taschenlampe glitt aus meiner zitternden Hand. Meine Zähne klapperten. Ich war vollkommen verwirrt. Von einem Augenblick zum anderen unfähig, einen klaren Gedanken zu fassen. Das Gesicht der Gestalt war durch eine dunkle Sturmhaube vermummt. Nur blitzende Augen konnte ich ausmachen.

„Los, aufstehen, keine Zicken! Eine falsche Bewegung und du bist hin, verstanden?“ Die Stimme klang verstellt, gehörte aber eindeutig zu einem Mann.

Bei dem Versuch, wieder auf die Beine zu kommen, rutschte ich über das nasse Laub und fiel der Länge nach hin. Ich erhielt einen schmerzhaften Fußtritt gegen meine Wade. Stöhnend erhob ich mich, bewegte mich leicht humpelnd vorwärts. Die dunkle, unbekannte Gestalt schob mir die Pistole in den Rücken und dirigierte mich zum Haus.

Was wollte der Kerl von mir? Schmuck, den ich nicht besaß? Geld, über das ich nicht verfügte? Oder, noch schlimmer, mich vergewaltigen? War er etwa der seit Tagen gesuchte Verbrecher?

Ich spürte den erbarmungslosen Lauf der Waffe in meinem Rücken und schloss, tausend Ängste ausstehend, die Tür auf. Als ich den Lichtschalter im Flur betätigen wollte, verstärkte sich der Druck in meinem Rücken.

„Kein Licht, absolut kein Licht. Alles bleibt im Dunkeln, verstanden?"

Es hatte mir die Sprache verschlagen. Meine Stimme war nicht mehr im Stande, ein heiseres Ja oder Nein hervor zu bringen. Kalter Angstschweiß stand auf meiner Stirn. Ein frostiger Schauer jagte über meinen Rücken. Zaghaft blieb ich in dem dunklen Eingangsbereich stehen.

„Dein Handy, los, her damit!"

Kannte ich diese Stimme? Irgendwo, in weiter Ferne meiner Sinne, glaubte ich, mich an diese Stimme erinnern zu müssen. Wo hatte ich sie schon einmal gehört? Jetzt, in diesen grausamen Sekunden, fiel es mir nicht ein. Mir fiel überhaupt nichts mehr ein. Gedankenlos zog ich mein Handy aus der Manteltasche. So rasch, wie ich es in meiner Hand spürte, entriss er es mir. Für einen kurzen Moment hatte er mit seiner eiskalten Hand meine ebenso eisige Hand berührt. Sein nach Alkohol stinkender Atem, den er mir über die Schulter ins Gesicht blies, widerte mich an. Übelkeit, das Gefühl, mich auf der Stelle erbrechen zu müssen, meine schlotternden Beine, all dies überfiel mich zum gleichen Zeitpunkt. Ich besaß nicht mehr die Kraft, stehen zu bleiben. Am ganzen Körper zitternd gaben meine Beine nach. Ohne auch nur das Geringste dagegen unternehmen zu können, sackte ich zusammen und fiel der Länge nach in den Flur.

„He, was soll das? Steh auf! Los, beweg dich und verschwinde in den Keller!" Benommen rappelte ich mich wieder auf. Im Keller wollte er mich einsperren. Aus dem es kein Entrinnen gab. Mein Keller war ein Felsenkeller. Im Gegensatz zu den Häusern vieler Bekannter, deren Keller noch einen Ausgang zum Garten haben, war meiner ausschließlich über den Flur zugänglich. Wusste dieser Typ das? Kannte er die Räumlichkeiten? War er schon einmal hier gewesen?

Mit einem leichten Tritt schob er mich in Richtung Kellertür. Zögernd öffnete ich sie und starrte in das dunkle Loch vor mir. Bevor ich noch irgendetwas sagen konnte, erhielt ich einen Stoß und taumelte die Steinstufen hinunter. Stöhnend und wimmernd zugleich tastete ich in der Dunkelheit umher. Ich war bäuchlings auf den Boden gefallen. Über mir flog krachend die schwere Eisentür ins Schloss. Scheppernd wurde der Schlüssel umgedreht. War das jetzt das Ende? Sollte ich hier in dieser Kälte und Dunkelheit meine letzten Tage verbringen? Wer würde mich wann hier finden? Es war Wochenende. Bis Montag wäre ich vielleicht schon erfroren.

Mir schwirrten die finstersten Gedanken durch den Kopf. Mein Herz pochte wie wild, immer schneller, immer lauter. Es konnte sich nicht beruhigen. Trotzdem versuchte ich nachzudenken. Was bewahrte ich im Keller auf? Nichts, was mir ein Überleben ermöglichen würde. Einen Rasenmäher, Gartengeräte, den Gartentisch, ein paar Stühle. Auf allen Vieren hangelte ich mich hinauf zur Tür. Wenigstens könnte ich mir das Licht einschalten, wenn auch nur ein spärliches. Die feuchte Wand unsicher abtastend fand ich den Schalter und drückte. Die nackte Birne spendete ein kärgliches Licht. Erst in diesem Augenblick bemerkte ich den kleinen Rucksack, der noch an meinem linken Arm hing. Meine Handtasche musste ich draußen verloren haben.

Ein Lichtblick, ein kleiner Lichtblick tat sich auf. In dem

Rucksack gab es ein Handy. Nicht mehr ganz so mutlos setzte ich mich auf die kalten Steinstufen.

An meiner rechten Hand befand sich Blut. Die Finger meiner linken Hand wiesen Schürfwunden auf. Auch mein rechtes Knie schmerzte plötzlich heftig. Das alles ignorierte ich im Augenblick. Der Rucksack und dessen Inhalt waren wichtiger.

Neugierig untersuchte ich das gefundene Etwas. Der Inhalt war erbärmlich. Ein Lippenstift, ein leerer Parfümflakon, ein Kugelschreiber. Aus dem nächsten Fach fischte ich eine Haarbürste, ein Päckchen Taschentücher und einen zerbrochenen Spiegel. Kein Schlüsselbund, keine Geldbörse, kein Terminkalender, nichts. Ich zerrte am nächsten Reißverschluss. Endlich hielt ich das rettende Handy in meiner Hand.

„Sie haben 8 neue Nachrichten", las ich auf dem Display. Ohne die Anzeige weiter zu beachten, tippte ich hektisch und mit zitternden Fingern die 110 ein. Als ich mir das Gerät ans Ohr hielt, wurde ich enttäuscht: Drei kurz hintereinander hörbare Pieptöne signalisierten mir, dass ich mich außerhalb des Empfangsbereiches befand.

Die Hoffnung auf meine baldige Rettung zerplatzte wie eine Seifenblase. Ich war völlig verzweifelt.

Vielleicht würden wenigstens die gespeicherten Nachrichten hier im Keller abrufbar sein? Neugierig drückte ich die Taste und las:

`Erste neue Nachricht, heute: 19.05 Uhr`

`Hi, wo bist du. Ich warte am Treffpunkt auf dich.`

`Zweite neue Nachricht, heute: 19.25 Uhr`

`Hallo, melde dich, ich bekomme kalte Füße.`

Dritte neue Nachricht, heute 19.55 Uhr
Ich hab ein kleines Päckchen für dich. Ich bin es, dein Sascha-Schatz. Du kommst doch?

Vierte neue Nachricht, heute: 20.15 Uhr
Es wäre schön, wenn ich eine Antwort von dir erhalten würde. Oder bist du mir noch böse wegen Sonntag? Bitte, bitte, bitte, sei lieb, melde dich.

Fünfte neue Nachricht, heute 21.08 Uhr
Wenn du es wagst, dich nochmals mit dem Kerl zu treffen, kannst du was erleben. Und dieser Typ auch. Ich mache ernst. Verstanden.

Diese Nachricht hatte eine andere Person geschrieben. Sie wirkte bedrohlich auf mich.

Sechste neue Nachricht, heute: 22.10 Uhr
Du kommst nicht. Schade. Mir ist jetzt kalt. Egal, wo du bist, gib mir ein Zeichen. Ich mag dich doch. Glaube mir. Wir müssen reden.

Siebte neue Nachricht, heute: 22.45 Uhr
Ich komme dir auf die Schliche. Wo hast du dich versteckt? Der Typ ist noch in die Kneipe gekommen. Also bist du auch nicht weit. Wehe, wenn du mit ihm gehst. Er hat dir nur Unglück gebracht. Lass ihn laufen. Er ist keinen Pfifferling wert.

Achte neue Nachricht, heute: 23.05 Uhr
Ich gebe nicht auf. Wo bist du? Melde dich. Ich komme, wohin du willst.

Oben im Flur wurde es plötzlich laut. Jemand schlug gegen die Haustür. Ich nahm Stimmen wahr. Sie stritten sich. Eine Tür wurde zugeschlagen. Sie verzogen sich wohl ins Wohnzimmer. Laut waren sie immer noch. Leider konnte ich kein Wort verstehen.

Ich überlegte. Wo befand sich die Besitzerin von dem Rucksack? Wer hatte ein Interesse daran, mich in meinem Haus gefangen zu halten. Woher kannte dieser unverschämte Kerl die Räumlichkeiten meines Hauses?

Mir war so kalt, dass ich kaum in der Lage war, auf dem Handy die Taste mit dem Namensverzeichnis zu drücken. In dem kümmerlich ausgeleuchteten Kellergewölbe tropfte das Wasser von den Wänden. Mein Mund fühlte sich trocken an wie ein von der Sonne verbrannter Lehmboden. Mein rechtes Knie schwoll von Minute zu Minute, ich konnte es kaum noch bewegen. Beim Aufrichten unterdrückte ich einen Schmerzensschrei. Ich hatte das Gefühl, als wäre mein linker Fußknöchel gebrochen. Tränen ergossen sich wie kleine Rinnsale über meine kalten Wangen. Ich erschauderte, als ich zu hören glaubte, dass in einer Ecke eine Maus fiepte. Mein Nervenkostüm war völlig zusammengebrochen.

Mit den Ärmeln meines Mantels wischte ich mir die Tränen ab.

Ich richtete mein Augenmerk wieder auf das Handy und das Namensverzeichnis. Es bestand aus vielen Vornamen. Alicia, Jan, Josi, Matthias, Nina, Petra, Sabrina ... Dazu gab es noch einen Eintrag, der <eigene Nummer> hieß. Petra und Sabrina waren meine Freundinnen. Mein Name mit Telefonnummer war ebenfalls gespeichert. War das etwa Judiths Rucksack?

Und von wem waren diese Nachrichten?

Ich suchte in der Liste den Eintrag für die eigene Nummer heraus. Es war eindeutig Judiths Nummer, ich hatte sie schon so oft vom Festnetz aus gewählt, dass ich sie auswendig kannte. Judith. Wir alle nannten sie Judy. Was war mit ihr passiert? Mir war all dies völlig schleierhaft.

Ich drückte die Taste der Nummern, die sie zuletzt angerufen hatte. Es erschienen zwei Nummern, die mir fremd waren. Die dritte Nummer war meine eigene Telefonnummer hier zu Hause. Judith hatte versucht, mich zu Hause anzurufen. Aber wieso hier zu Hause? Seltsam, was ist mit Judith? Allem Anschein nach hat sie ein großes Problem. Warum hatte sie sich keinem anvertraut?

Wenn sie ihren Rucksack keine dreihundert Meter von meinem Haus entfernt verloren hatte, musste sie sich in der Nähe aufhalten. Wollte sie zu mir kommen? Sollte ich ihr helfen?

Aus dem Wohnzimmer klangen Schreie. Irgendein Gegenstand ging zu Bruch. Glas klirrte, dann fiel ein Schuss, dann ein zweiter. Augenblicklich raste mein Herz, ich geriet in Panik, verkroch mich auf allen Vieren rutschend in die dunkelste Ecke des feuchten Kellerraumes. Wie konnte ich nur die Polizei verständigen? Wenn der Kerl jetzt kommt, die Tür aufschließt, mich findet, die Pistole auf mich richtet, abdrückt, was dann? Wenn es keine Zeugen geben sollte?

Ich musste handeln, und zwar schnell. „Liebes Handy, bitte, bitte funktioniere“, flüsterte ich. Vorsichtig kroch ich zur Treppe. Es fiel mir schwer, mich die Stufen hinauf zu schleppen, aber vielleicht hatte ich ein Stück weiter oben Handyempfang.

Zittrig hielt ich mit beiden Händen das Mobiltelefon vor meine Augen und drückte erneut die 110. Jetzt klickte es in der Leitung. Der Ruf ging durch. Erleichtert atmete ich auf. Es dauerte und dauerte, bis die Verbindung stand. Im Wohnzimmer schepperte es, eine Tür flog zu.

„Hallo, Polizei, Dirk Hausmann mein Name", ertönte eine Stimme am anderen Ende der Leitung. Erschrocken stotterte ich und versuchte, dem Polizisten den Sachverhalt zu erklären. Es gelang mir nicht. Immer wieder fragte er mit ruhiger Stimme nach meinem Namen, meiner Adresse, wo ich mich aufhielt und was weiß ich noch. Ich musste ihm sagen, dass das Handy, mit dem ich anrief, nicht mein Handy war. Wirr und konfus nannte ich alle Namen meiner Freundinnen, schrie laut, dass ich im Keller säße. Gefangen, verletzt, mit einem Ungeheuer in meinem Haus. Außer Fassung drückte ich mir eine Faust auf den Mund. Der Kerl durfte mich nicht hören. Im Flüsterton sprach ich mit dem Polizisten weiter. Was er mich alles fragte, was ich antwortete, Sekunden später konnte ich mich an nichts mehr erinnern. Panik breitete sich aus, mein Denkvermögen war völlig verstört. Ich spürte nicht mehr, ob mir kalt oder warm war. Zeitweise vergaß ich sogar, dass ich in meinem eigenen Keller saß, eingesperrt von einem schießwütigen Schuft. Dessen Plan es möglicherweise war, auch mich zu erschießen.

Der Polizist versuchte mit seiner sonoren Stimme, mich zu beruhigen. Leise und bestimmend sprach er mich immer wieder an, bestätigte mir, dass die Kollegen bereits auf dem Weg seien. Es könnte sich nur noch um Minuten handeln. Ein Streifenwagen befände sich bereits in unmittelbarer Nähe der Stanniolfabrik von Eppstein. Mein Atem ging stockend. In Sicherheit wähnte ich mich noch lange nicht.

Der Polizist erklärte mir, dass er zwischenzeitlich noch einen zweiten Streifenwagen angefordert hätte. Ich erzählte ihm, dass meine Freundin auf dem Weg zu mir ihren Rucksack mit Handy verloren haben musste. Vielleicht hielt sie sich noch im Wald versteckt? Seine Kollegen würden auf jeden Fall die Umgebung nach ihr absuchen, notfalls auch mit Hunden, versprach er mir. Einen Notarzt wollte er sofort verständigen. Ich nickte nur, sprechen konnte ich plötzlich nicht mehr. Zitternd und frierend kauerte ich auf dem nassen und kalten Felsgestein.

Plötzlich schlug jemand gegen die Kellertür und zerrte an der Klinke. Mir stockte der Atem. Wollte der Kerl jetzt kommen? Unfähig, mich zu wehren, hockte ich mit gekrümmten Oberkörper fest an die Felswand gedrückt und wartete. Stimmen wurden laut: „Polizei, stehen bleiben, keine Bewegung", tönte es bis zu mir hinunter.

Endlich, meine Rettung war eingetroffen. Mühsam erhob ich mich und versuchte, mit klammen Händen die restlichen Stufen der Kellertreppe hinauf zu klettern. Es war unmöglich, sofort knickte ich wieder ein. Mein Knöchel ließ es nicht mehr zu, dass ich mich aufrichten konnte. Laut schrie ich um Hilfe. Hörte mich niemand? Ließ sich diese verdammte Tür nicht mehr öffnen? Hatte der Kerl den Schlüssel weggeworfen?

Hektisches Stimmengewirr, Schreie, die von meinem Peiniger stammen mussten.

„Gehen Sie weg von der Tür", rief jemand. Augenblicke später krachte eine Pistolenkugel durch das harte Eisen. Die Kellertüre wurde mit brachialer Gewalt aufgebrochen. Zwei Polizisten erfassten mich, trugen mich hinauf in die Wärme.

Ich sah überall Scherben, Blut und Verwüstung. Auf dem Teppich lag ein Mann mit zerfetztem Oberkörper, tot. Das Gesicht war völlig mit Blut verschmiert. Entsetzt und schockiert wandte ich mein Gesicht ab. „Wer war der Mann mit der Waffe?", fragte ich einen der Polizeibeamten.

Es handelte sich um Axel Lennards. Man hatte ihn bereits in Handschellen abgeführt.

Augenblicklich fiel es mir wie Schuppen von den Augen. Axel war die Gestalt, die mir heute Nacht aufgelauert hatte. Axel war Judiths Bruder. Natürlich, er war früher mehrmals hier im Haus und hatte bei einigen Arbeiten geholfen. Warum hatte er den jungen Mann ausgerechnet in mein Haus bestellt? Sollte auch Judith kommen? War das eine Falle? Blaulichtgewitter, ein Notarzt, noch mehr Polizisten, ich konnte das nicht mehr ansehen, mir wurde speiübel.

Die Beamten führten mich ins Esszimmer, der eingetroffene Notarzt versorgte meine Verletzungen und gab mir eine Spritze. Eine junge Frau mit blondem Haar reichte mir die Hand und stellte sich vor: „Stella Braun, Kommissarin, das ist mein Kollege Gunnar Werner. Ich würde Ihnen jetzt gerne einige Fragen stellen. Sind Sie in der Lage, sie zu beantworten?“

Ich nickte und betrachtete die Kommissarin, die einen dunkelbraunen Ledermantel und eine braune Hornbrille trug. Stella Braun fragte und ihr Kollege notierte auf einem Block alle meine Antworten.

Die Beamtin informierte mich darüber, dass der junge Mann, der drüben im Wohnzimmer lag, ein gewisser Sascha Brunnstein war. Gemäß seiner Ausweispapiere wohnte er in Königstein.

Die Kommissarin wollte wissen, ob mir der junge Mann bekannt war. Nein, dieser Mann war mir völlig unbekannt. Ich hatte auch keine Erklärung dafür, was er in meinem Haus zu suchen hatte. Ich konnte ihr nur berichten, dass Judith laut den Nachrichten auf ihrem Handy mit einem Sascha verabredet war.

Aber wo war Judith jetzt?

Ein grausamer Gedanke schoss blitzartig durch meinen Kopf. Meine verspätete S-Bahn? Hatte sich Judith etwa heute Abend auf die Gleise ... – hatte sie sich vor die S-Bahn geworfen?

Sofort sprach ich die Kommissarin darauf an. Aber sie winkte ab. Nein, auf den Gleisen zwischen Eppstein und Lorsbach sei keine Frau ums Leben gekommen. Ein paar

Wildschweine waren von einem Zug erfasst und getötet worden.

Erleichtert atmete ich auf. Doch ließ mir der Gedanke, dass Judith etwas zugestoßen sei, keine Ruhe. Kommissarin Braun bestätigte mir nochmals, dass eine Polizeistaffel den gesamten Eppsteiner Wald absuchen würde.

Auch die Spurensicherung hatte noch eine Weile zu tun.

Eine Polizistin blieb bis zum frühen Morgen bei mir im Haus. Ich hatte eine schlaflose Nacht.

Der nächste Morgen, ein ebenso trüber und nebliger Novembertag wie der vorherige, brachte die traurige Gewissheit. Man hatte Judith gefunden. Sie lag auf einem Hochsitz, keine fünfhundert Meter von meinem Haus entfernt. An Händen und Füssen gefesselt, ein Knebel steckte in ihrem Mund. Sie musste erstickt sein. Ob ihr Bruder Axel oder dieser Sascha die Tat begangen hatte, konnte noch nicht ermittelt werden. Die Spurensicherung befand sich noch am Tatort.

Man fand in Judiths Brieftasche, die sie in ihrem Mantel bei sich trug, einen Brief:

Nach dem frühen Tod unserer Eltern sind Alex und ich uns sehr nahe gekommen, zu nahe. Wir liebten uns. Es war eine verbotene Liebe. Ich wollte mich schon seit langem von Axel lösen, wollte wegziehen in eine andere Stadt. Er war eifersüchtig, konnte nicht loslassen.

Dann traf ich Sascha. Ich verliebte mich in ihn, konnte nicht mehr ohne ihn sein. Es war mir einerlei, dass er ein polizeibekannter Straftäter war. Er wähnte mich in dem Glauben, in einer anderen Stadt ein neues Leben anzufangen. Ich vertraute ihm. Wir lebten Träume, wie nur ein Liebespaar sie träumen kann. Stundenlang lagen wir im Gras, liebten uns und lauschten unserem Lieblingstitel:

„Lass uns fliegen zu den Sternen,
hoch hinaus in weite Fernen,
schwerelos, unsagbar weit,
kein Zurück zur Vergangenheit."

Doch Sascha nutzte mich nur aus. Er hatte schnell herausgefunden, was sich zwischen meinem Bruder und mir abspielte. Damit erpresste er mich. Er verlangte von mir, dass ich Drogen in meiner Wohnung lagern müsse. Auch sollte ich ihm hin und wieder als Kurier dienen. Axel fand die Päckchen, stellte mich zur Rede. Er verfolgte jeden meiner Schritte und verlangte, mich sofort von Sascha zu trennen. Er befahl mir, mich nie mehr mit ihm zu treffen. Aber Sascha blieb hartnäckig und setzte mich unter Druck: „Wenn du nicht mehr tust, was ich von dir verlange, verlasse ich dich". Das hätte ich nicht verkraftet. Ich brauchte ihn doch so sehr. Ich konnte mir nicht mehr vorstellen, ohne Sascha zu leben. „Außerdem wird es dann bald einen großen Artikel in der Presse über dein Verhältnis mit deinem Bruder geben", drohte Sascha. Dieses Gespräch wurde von meinem Bruder belauscht. Ich habe Angst, große Angst, dass er Sascha und auch mir etwas antun wird. Wo soll ich hin? Wer kann mir helfen? Ich bin am Ende, Judith.

Wenige Tage später stand das Ergebnis der Untersuchungen fest. Judith war von ihrem Bruder umgebracht worden. Axel hatte zunächst zu all dem geschwiegen, bis er zusammenbrach. Bei den späteren Vernehmungen schrie er immer wieder, dass er seine Schwester nicht umbringen wollte. Er wollte nur verhindern, dass sie sich noch einmal mit diesem Mistkerl traf.

Eines Nachts erhängte er sich völlig unerwartet in seiner Zelle.

Warum das Drama sich in meinem Haus abgespielt hatte, wurde niemals geklärt.

Die letzte Freiheit

Barbara Kaufmann-Gallardo

Der dumpfe Knall in der Nacht reißt sie hoch. Er kam von unten, ein undefinierbares Geräusch. Starr vor Schrecken sitzt sie im Bett und lauscht in die folgende Stille. Ihr Mund ist trocken. Hat niemand außer ihr es gehört? Angstvoll erhebt sie sich, geht barfuß leise zur Tür, öffnet sie und lauscht in den dunklen, nur mit einem Notlicht sparsam erhellten Flur.

Ist da ein Schatten? Mit klopfendem Herzen schleicht sie die Treppe hinab auf sein Zimmer zu, sich angespannt umblickend. Niemand da. Sie bleibt vor der Tür stehen, die böse Ahnung überfällt sie unvermittelt. Vorsichtig drückt sie die Klinke, das Zimmer ist offen.

Ihr geller Schrei hallt durch das Haus. Sie steht noch in der Tür, als die anderen Gäste angerannt kommen. Die aufgeregten Fragen verstummen. Es bietet sich ein grausiger Anblick. Entsetzen verbreitet sich. Der verkrampfte Körper auf dem Bett erstarrt, der Kopf ein breiiges Etwas, umgeben von Blutspritzern und Hirnmasse, ein heruntergefallenes Gewehr. Der Raum ein einziges Chaos: verstreute Klamotten, der Boden übersät mit zerknüllten Papieren, leeren Tablettenschachteln, umgefallenen Bierflaschen, der heruntergerollte Becher mit dem Rest einer weißen Flüssigkeit, daneben das zerbrochene Glas eines Bilderrahmens mit einem Foto.

‚Es musste ja so kommen' ist der erste profane Gedanke,

der ihr durch den Kopf schießt. Selbstmörder pflegen ihre Tat nicht anzukündigen, heißt es immer. Wie oft hatten sie darüber diskutiert! ‚Wenn es nicht mehr weitergeht, bringe ich mich um'.

Er stand dazu, emotionslos und völlig klar. Er bezeichnete es als die letzte Freiheit, die den Menschen blieb.

Und sie war nicht die Einzige, mit der er darüber gesprochen hatte. Gerade deshalb hat es auch niemand richtig ernst genommen. Er schien nicht depressiv, eher ständig auf Kampf und Widerstand eingestellt, immer am Rande der Legalität, oft jenseits der Grenze. Und dann seine Großmäuligkeit: Ich werde es euch allen zeigen, bald bin ich Millionär!

Auch gestern Abend, als sie sich nach langer Zeit wieder einmal getroffen, lange getrunken und viel geredet hatten, machte er einen zwar traurigen, aber nicht desolaten Eindruck. Er stand nach zwei Jahren Ehe kurz vor der Scheidung. Die wievielte Liebe ging da wohl zu Ende?

Er schien sich ins Unvermeidbare zu fügen: ‚dann kommt eben die nächste' war sein gängiger Machospruch. Nichts wies darauf hin, dass es diesmal anders kommen sollte.

Er hatte ihr stolz das Foto seiner Frau gezeigt, eben das, was jetzt zerbrochen am Boden lag: eine schöne, junge Frau mit langen schwarzen Haaren und einer phantastischen Figur, zärtlich lachend. Nach den Gründen der Trennung gefragt, meinte er nur, sie hätte sich ein bequemes Leben an seiner Seite vorgestellt, ihn nie bei seinen Aufgaben unterstützt, sei lediglich ihren Launen und Vergnügungen nachgegangen, hatte nur von seinem Geld profitieren und in Luxus leben wollen, es vorgezogen, mit den gut betuchten Gästen an der Bar feiern. Es hatte vorübergehende finanzielle Probleme gegeben, als er dem Rat eines Frankfurter Börsenmaklers vertraut und sich verspekuliert hatte. Er hatte sich trotzdem bemüht, ihre Ansprüche und Wünsche zu erfüllen, bis es ihm zu viel wurde.

Es hatte Auseinandersetzungen, Szenen, Handgreiflichkeiten, Schläge – ‚ja, ich gebe es zu' – gegeben. Danach hatte die Ehefrau die Suite fluchtartig mit unbekanntem Aufenthalt verlassen.

Er hatte wieder angefangen, zu trinken und die Geschäfte seinem gut geschulten Personal überlassen.

Und nun war das Unfassbare eingetreten: Der oftmals angekündigte Selbstmord, mit dem ernsthaft niemand gerechnet hatte, war vollzogen.

Nachdem die Polizei eintrifft, bestätigt sie den offensichtlichen Selbstmord. Er wurde zusätzlich durch die Aussagen von Freunden erhärtet. Auch die anschließende Obduktion sollte keinen Hinweis auf Fremdeinwirkung ergeben, allerdings wurde ein bösartiger Tumor an der Schilddrüse diagnostiziert, der bereits metastasiert hatte. Unter diesen Bedingungen schien seine Lebenserwartung begrenzt. Ob er darüber Bescheid wusste, war nicht festzustellen, es wurden keine entsprechenden medizinischen Unterlagen gefunden. Offensichtlich war jedoch, dass der Alkohol- und Tablettenmissbrauch ihm den letzten Schritt erleichtert hatten.

Die Waffe war schon immer in seinem Besitz gewesen, auch das bestätigen mehrere Zeugen. Das Motiv scheint auch ohne diese zusätzliche Belastung klar: Die bevorstehende Scheidung von seiner Frau, seiner letzten großen Liebe, hatte ihn tiefer getroffen, als er zugeben wollte.

An der Beerdigung nehmen nur wenige Menschen teil, keine Familie, einzelne alte Freunde, die mehr oder weniger durch Zufall die Information erhalten hatten. Die Ehefrau ist nicht dabei. Obwohl sie immer noch unter Schock stand, lässt es sich die Freundin, die die grausame Entdeckung gemacht hatte, nicht nehmen, ihrer Erschütterung mit wenigen Worten am Grab Ausdruck zu verleihen. Sie spricht vom Ende eines Menschen mit hochfliegenden Plänen, seiner schwierigen, aber dennoch liebenswerten und stets hilfsbereiten Persönlichkeit, die ihre Verletzlichkeit hinter markanten Sprüchen verbarg. Eines Mannes, der sich aus kleinsten Verhältnissen zum Besitzer von mehreren Golfhotels in Kronberg und Bad Homburg hochgekämpft hatte, zugegebenermaßen nicht immer mit sauberen Mitteln. Das sagt sie allerdings nicht.

Genüsslich verschränkt Giselle die Arme unter ihrem Kopf auf der Sonnenliege unter dem Schirm und atmet die warme Seeluft ein, neben sich ein Tischchen mit einem kalten Cocktail, und hängt ihren Träumen nach. Die glatte Haut ist gleichmäßig gebräunt.

Die erlösende Nachricht hatte sie gerade durch ihren Anwalt über ihr Handy erhalten: Der Selbstmord ist nach der Einstellung weiterer Ermittlungen ad acta gelegt, die Erbschaft durch das Amtsgericht zweifelsfrei bestätigt worden. Sie sollte sie allerdings persönlich innerhalb des nächsten Monats in Empfang nehmen.

Dass sie dadurch ihren Aufenthalt in dem idyllischen kleinen Badeort in der Karibik unterbrechen muss, ist ein notwendiges Übel, war aber vorhersehbar und eingeplant. Hierhin war sie geflüchtet vor den gewalttätigen Ausbrüchen ihres eifersüchtigen Mannes, dessen Waffe sie kurz vorher, versteckt in einem Verschlag auf dem Dachboden, entdeckt hatte. Er war unberechenbar geworden, besonders unter dem Einfluss von Alkohol, dem er sich immer intensiver hingab. ‚Entweder du oder ich'. Was auch immer das zu bedeuten hatte: Das Zusammenleben mit ihm wurde riskant. So war das nicht geplant. Das war nicht mehr der liebenswürdige, sie umwerbende wohlhabende Liebhaber – das klang bedrohlich.

‚Genau', hatte sie gedacht und sich rechtzeitig aus dem Staub gemacht. Nicht ohne einiges zu regeln, zum Beispiel die Vollmachten für ihren Anwalt, Post, Bank, Ämter. Der Notar hatte als Einziger ihre Telefonnummer, ihren Aufenthaltsort allerdings kannte auch er nicht.

Überhaupt ist es ihr zur zweiten Natur geworden, schweigen zu können. Sie hatte sich schon so viele Biografien zulegen müssen, dass sie sich an ihre ureigentliche kaum mehr selbst erinnert. Wen interessiert schon das Milieu, aus dem sie kommt, wozu ihr erschütterndes Schicksal preisgeben. Sie hatte die Erinnerung erfolgreich ausgelöscht. Nicht allerdings alle Kontakte von damals. Einige Menschen standen noch in ihrer Schuld, die sich auf ihre Verschwiegenheit verlassen hatten, Professionelle, die sie in der Hand hat, für die es jetzt Zeit geworden war, die Rechnung zu begleichen. Offensichtlich mit Erfolg.

Nun ist sie also Witwe. Reiche Witwe. So kurz vor der Scheidung. Auch diese Nachricht hat sie übers Handy bekommen, eines, das inzwischen nicht mehr existiert, eines, das nicht auffindbar ist.

Sie genießt die Ruhe hier, die Abgeschiedenheit ihrer komfortablen Hütte, keine Touristen, kaum Nachrichten, nur Kontakt zu wenigen einheimischen Bediensteten, deren Sprache sie nicht versteht, lediglich in gebrochenem Englisch kommuniziert. Landschaft und Kultur des Landes interessieren sie wenig. Sie fühlt sich frei, ohne Probleme, nur noch ihrer sorglosen Zukunft verpflichtet.

Das leichte Beben im Sand unter ihrem Liegestuhl nimmt sie erstaunt als Gefühlsaufwallung wahr. Sie schaut auf das endlose Meer, die heranrollenden Wellen zwingen sie, ihren

Platz zu wechseln, weiter nach hinten unter die Palmen. Die sich verdunkelnde Sonne und die sich hoch auftürmenden Wellen am Horizont hält sie für einen heranziehenden Sturm, packt schnell ihre Sachen zusammen und macht sich auf den Weg zur schützenden Hütte am Berghang.

Die Nachricht über den verheerenden Tsunami wird weltweit in Sondersendungen verbreitet.

Giselles Körper bleibt eine unter Tausenden nicht identifizierbarer Leichen.

Das Amtsgericht in Frankfurt findet trotz langer Recherche keinen Erben des Millionenvermögens. Es fällt dem Staat zu.

Seelenfeuer

Barbara Kaufmann-Gallardo

Du bist tot, du bist tot, du bist tot! Brutal packe ich sie an den Schultern und schüttele sie. Werd wach, du sollst wach werden! Ich will mit dir reden! Ich schreie lauter: Du merkst nichts, du merkst nie was, du sollst nicht schlafen, wenn ich nicht schlafen kann! Fühlst du nicht, wie wütend und traurig ich bin? Mein Herz klopft laut und hart.

Ich schleudere ihre Bettdecke weg, ihre Nacktheit und Verletzlichkeit macht mich noch rasender, ich reiße ihr den Slip kaputt. He, ein sexy Höschen. Das findest du wohl geil, was? Ich lache verächtlich und böse.

Warum wehrst du dich nicht, Lisa, warum liegst du da so steif?

Du brauchst nicht zu versuchen, dich zu bedecken. Ich sehe deine heißen Tränen hinter den geschlossenen Lidern. Gestern Abend warst du doch noch so mutig, hast mir ins Gesicht geschleudert, dass ich nicht an dich rankomme, dass ich deine Seele nicht zerstören kann, nicht in dich eindringen, dir dein Lachen nicht nehmen kann. Du verachtest mich, Lisa? Wart's ab. Hast du meine Grimasse für ein Lächeln gehalten, du? Und jetzt? Jetzt bist du mir schutzlos ausgeliefert, hast nicht mit meinem Hass gerechnet. Ich nehme dein Höschen und ziehe es dir um den Hals, probeweise, nicht zu fest, nur so. Ein Spiel.

Siehst du, was ich kann? Spürst du meine Hände an deinem schlanken glatten Hals? Meine Hände, die du geliebt hast, weil sie geschickt und zärtlich streichelten und auch kräftig zupacken konnten. Sensibel nanntest du sie.

Du hast panische Angst, Jammern nützt dir nichts. Mit deiner Lebensfreude und Energie hast du mich provoziert, Lisa. Du hättest es spüren müssen. Ich mache dich kaputt, jawohl. Guck dich an, wie du da schlaff und blöd hängst mit verdrehtem Kopf.

Ekelhaft.

Lisa hatte alles für ihn aufgegeben: ihren Job, ihr Engagement, ihre Freunde, alles. Sie wollte ihm Geliebte, Mutter, Freundin sein – seit der Nacht, als er ihr von seiner Kindheit erzählt hatte. Kindheit? Ein unendliches Martyrium. Ausgeliefert an eine Mutter, die das ungeliebte Kind eines Besatzungssoldaten büßen ließ, dass er geboren war.

Zwei Kinder von zwei Vätern, die nicht für die Kinder sorgten. Lisa hatte es vor Augen, das kleine Würmchen: mager, brüllend, vernachlässigt, alleingelassen. Sie fühlte unendliches Mitleid und hatte das Bedürfnis, ihm all die Liebe und Zärtlichkeit zu geben, die ihm seine Mutter als Baby, Kleinkind und Jugendlichem versagt hatte. Strafen und Prügel statt Fürsorge, Weihnachten eingesperrt ohne Geschenke, Kontrolle statt Vertrauen, Härte, Schweigen und Ablehnung, solange er denken konnte. Der Zwang zum Aufessen, wenn es ihm nicht schmeckte, bis er kotzte. Er hatte immer versucht, es seiner Mutter recht zu machen, hatte nichts verlangt, im Haushalt geholfen, sich in der Schule bemüht, obwohl er auch dort ein Außenseiter war, verschüchtert und ängstlich ohne Kontakte.

Wie oft hatte er sich in ihre Arme geworfen, den Kopf an ihren Busen gedrückt und in ihrem Schoß begraben, sehnsuchtsvoll nach Wärme suchend. Brutal schubste die Mutter ihn weg, ertrug den Körperkontakt nicht. Träumte er nachts schlecht und fürchtete sich, wollte er in ihr Bett kriechen. Sie schmiss ihn raus, fand es krankhaft und schmutzig, dass er sich an sie schmiegte, unterstellte ihm als Kind schon erotische Motive: ‚Du bist schlecht und böse'. Die Spuren seines Bettnässens bis zu seinem zehnten Lebensjahr konnte er nicht immer vor ihr verheimlichen. Er wurde in eine Wanne mit kaltem Wasser gesteckt und an seinem Körper fanden sich die Spuren ihrer ungehemmten Misshandlung.

Als er schon Geld verdiente und erfolgreich war, brachte er ihr Geschenke, gab sein Bemühen um ihre Liebe und Anerkennung nicht auf. Ein einziges Mal kamen die erlösenden Worte aus ihrem Mund: ‚Ich habe dich lieb'. Dann starb sie ihren elendigen Krebstod. Der machte eine spätere Auseinandersetzung, eventuelles Verständnis, Reue und Verzeihen unmöglich.

Lisa fand seine emotionslose nüchterne Schilderung unvorstellbar grausam. Die Bilder verließen sie nie.

Dumpf bewege ich mich durch wattige Tage und Nächte. Nur ein Teil von mir registriert, dass ich irgendetwas tue. Es ist nicht wichtig. Ich warte nur auf den Kick, den Knacks im Kopf, der sich nicht einstellen will. Ich gehe durch die Hölle.

Meine Katze streicht um meine Beine, springt auf meinen Schoß, schnurrt erwartungsvoll. Was hast du damals gesagt, Lisa, als ich sie neugeboren in meiner Hand hielt? ‚Du hast nie so glücklich ausgesehen'? Die Katzenmutter gebar sie nachts auf unserem Kopfkissen. Fasziniert beobachteten wir, wie sie die Kleine sauber leckte und die schleimige Nachgeburt auffraß. Ja, ich habe sie gelobt und gestreichelt: ‚Du bist eine feine Mama'. Das Kätzchen war zutraulich, verspielt, temperamentvoll, geschickt, am liebsten aber kam sie zu mir zum Schmusen, schnurrte sanft und schlummerte.

Du warst eifersüchtig, Lisa, gib es zu, eifersüchtig auf das Kätzchen. ‚Liebst du sie mehr als mich?' Schade nur, dass du es nicht erlebst, Lisa. Ich werde die Katze töten. Ich habe dich gewarnt, mein Liebling, du hast wieder nicht richtig hingehört: Meine Liebe ist tödlich.

Es fing alles so gut an. Sie waren verliebt, hatten Pläne, verdienten so viel Geld, dass sie sich eine alte Mühle im Schwarzbachtal kauften, die Georg nach und nach restaurierte. Die Arbeiten bereiteten ihm Freude, er verwirklichte tolle Ideen, scherte sich dabei nicht um irgendwelche ‚überflüssigen' Bauvorschriften, empfand tiefe Zufriedenheit.

‚Wir bauen unser Nest', versprach er Lisa und bat sie, ihre Arbeit aufzugeben, um ihm zu helfen. ‚Ich verdiene ja genug für uns beide. '

Das allerdings fand ein jähes Ende, als er seinen Job verlor. Seinem Arbeitgeber war es leider aufgefallen, dass er mehr Spaß am Renovieren als an seinem Job hatte. Also entließen sie ihn, weil er die geforderten Ergebnisse nicht mehr vorwies und außerdem seine Zahlen manipulierte. Natürlich hatten ‚diese Idioten' Schuld, ‚die werden schon sehen, was sie an mir hatten'.

Da sein Einkommen fehlte, musste Lisa ihre Arbeit wieder aufnehmen, das Geld wurde knapp.

Dass die Baubehörde seine genialen Ideen mit ‚ihren blöden Vorschriften' durchkreuzte und er zurückbauen musste, versetzte ihn dermaßen in Rage, dass er sich unbedingt mit Alkohol betäuben musste. Lisa fehlte ihm zuhause. Ohne sie verließ ihn die Lust, weiterzumachen.

Er unternahm nichts, um neue Arbeit zu bekommen. Lisa sprach ihm zuerst sanft ins Gewissen.

Gegen seine Schlaflosigkeit nahm er Tabletten und geriet zunehmend in einen körperlichen Zustand totaler Antriebslosigkeit. Sie diskutierte, machte ihm Vorwürfe, klagte ihn an. ‚Dann hau' doch ab, ich brauche dich nicht, ich brauche niemanden.' Sie brachte es nicht fertig, ihn in seinem Elend zu verlassen. Sie sah nur den kleinen, geschundenen, hilflosen Jungen vor sich.

Ich schaffe es nicht mehr, dich zu wärmen, Lisa, dein Körper ist so kalt. Ich decke uns zu, will mich in deiner Höhle verkriechen, dich spüren, deinen Geruch atmen. Ich lege deine Hand auf meine Brust, du sollst mich trösten, halt mich fest bitte. Ich will mit dir ins Unendliche fliegen, meine Geliebte, siehst du den Himmel? Die Tage und Nächte vergehen, es gibt keinen Unterschied mehr. Ich fühle nichts mehr, starre mit offenen Augen in die Dunkelheit. Keine Ruhe, keine Befriedigung, nur Leere. Nur das Miauen einer fremden Katze irgendwo lässt das Blut in meinen Adern gefrieren – verursacht einen stechenden Schmerz in meiner Brust, nein, mein ganzer Körper ist eine einzige offene Wunde. Ich verlasse dich nicht, keine Angst. Der feuchte Geruch der Erde umgibt uns, wir sind eins mit der Natur. Es ist kalt hier, Schnee fällt auf uns und bedeckt uns langsam.

In der Hofheimer Zeitung vom 20. September 1991 findet sich eine Nachricht in der Rubrik Polizeiberichte:

Während der Erweiterung des Hofheimer Waldfriedhofs haben Friedhofsarbeiter bei Ausgrabungen einen Fund gemeldet: Eine weibliche und eine männliche Leiche wurden in einem Erdloch entdeckt. Die Leiche der Frau konnte anhand der DNS als Lisa K. identifiziert werden, die vor einem Jahr von ihrem Arbeitgeber als vermisst gemeldet wurde. Als Todesursache wurde bei ihr Genickbruch festgestellt.

Bei dem Mann handelt es sich um ihren Ehemann Georg K.. Bei dessen Obduktion stellten die Pathologen fest, dass er verhungert und verdurstet war. Außerdem fand sich in seinem Körper eine hohe Konzentration von Schlaftabletten.

Seltsam war der Umstand, dass außerdem der Kadaver einer Katze gefunden wurde. Dieser wies eine tödliche Schussverletzung auf.

Die Polizei geht von einem Gewaltverbrechen, beziehungsweise von einem möglichen Selbstmord aus. Ein Tatmotiv konnte bislang nicht ermittelt werden. Die Polizei geht jedoch von einem Beziehungsdrama aus. Zeugen des Dramas werden gesucht.

Nervende Nachbarn

Ria Klug

Meine Nachbarn sind eine Plage. Sie verwandeln laue Frühlingstage mit Rasenmähern, Gekeife, Staubsaugern und bellenden Kötern in ein Inferno. Das Schlimmste ist: Obwohl des Frühlings blaues Band die Lüfte erfüllt, sind sie sich nicht grün.

Sie tragen verbale Scharmützel über Gartenzäune und die Straße hinweg aus. Ich verstehe nicht, worum es geht, denn ihre Mundart klingt für mich wie eine sinnlose Aneinanderreihung von Urlauten.

Eine Verbindung habe ich in diese Welt, die greise Frau Weil. Von ihr weiß ich, dass hier schon seit Jahren Erbstreitigkeiten ausgefochten werden. Frau Weil ist eine Zugereiste, so wie ich – sie allerdings schon seit über dreißig Jahren.

Da ist der gnomenhafte Reinhard und seine Frau Julia, die in ihrem Garten absonderliche Riten vollführen. Sie kriechen über die Wiese und unter die Hecken, um gnadenlos das erste Grün abzuweiden.

Kein Star darf sich ihren Kirschen nähern, keinem Spatz ist zu raten in ihren Holunderbüschen zu speisen. Mit Netzen und Luftgewehr wird ihnen das Leben sauer gemacht.

Dem Brennholz, welches sie herbeikarren und zu Gebirgen aufschichten, rücken sie mit Motorsäge und Axt zu Leibe. An kühlen Tagen verwandeln sie die Umgebung in ein qualmendes Köhlerlager. Reinhard hält sich für besonders schlau, weil seine Heizkosten die niedrigsten weit und breit sind.

Die Gartenerde zerkrümeln sie mit ihren kartoffelbraunen Händen zu Staub und alle Steinchen, die zum Verstecken zu groß sind, werden heraus gefischt und durch den Zaun nach nebenan befördert.

Dort regiert Dietlind, die mit ihnen verwandt ist. Sie lässt das Gras mindestens wadenhoch wachsen und ihre Büsche dürfen sich frei entfalten, ohne Grenzen zu beachten. Ein mächtiger Knöterich hat ihren Schuppen unter sich begraben und nimmt nun die Nachbargarage in Angriff.

Wenn Dietlind Wäsche aufhängt, was sicher hundert Mal pro Woche geschieht, verbreitet sich ein Weichspülerduft, der eigentlich unter die Emissionsverordnung fällt. Dietlind schwört zudem auf Brennnesseljauche. Dieser Gestank tötet allerdings nicht nur Blattläuse, sondern auch den Geruchssinn.

Reinhard und Julia sichern ihre Hofeinfahrt mit einer Kette. Damit hindern sie Sascha, den unverheirateten Sohn Dietlinds daran, seinen Pickup zu parken. Die Gasse ist zum Wenden zu eng. Je nach Tageszeit bereitet das Sascha mehr oder weniger Probleme, nicht wegen der Größe des Ungetüms, sondern wegen seines Alkoholpegels.

Den Notarztwagen bemerke ich nur zufällig. Oft sitze ich bis lange nach Mitternacht und schreibe. Ein Bedürfnis treibt mich durch den dunklen Flur zum Bad und ich bleibe wegen des flackernden Blaulichts am Fenster stehen. Zwei Sanitäter schieben gerade eine Trage in den Wagen. Wer darauf liegt, kann ich nicht erkennen, aber ich sehe Julia, die mit einsteigt.

Ich hege sofort die Hoffnung, hier könnte es in der nächsten Zeit ruhiger werden. Immerhin bin ich ins Weiltal gezogen, um Ruhe zum Arbeiten zu finden. Und um schnell ins Grüne zu kommen für Nachdenkspaziergänge.

Meine gelegentlichen Herrenbesuche würden die Nachbarn schon verkraften.

Zwei Tage lang ist es wirklich ruhig, dann treffe ich Frau Weil. Sie pendelt unaufhörlich mit einem alten, weißen Plastikeimer zwischen ihrer Haustür und der Kellertür.

»Ei, Herr Sebastian, habbeses gehört, de Reinhad, also de Herr Eichhorn is dod.«

Seit ich mich mit meinem Vornamen bei ihr vorgestellt habe, redet sie mich mit diesem an.

»Oh je, nein. Dann war er das also. Was ist passiert?«

»Ei, der hott sich vergift. Geschtn isse gstorwe.«

»Wie, Sie meinen Selbstmord? Kann ich gar nicht glauben.«

»Einee, hotts Falsche gesse. Maiglöckscher beim Bärlauch, hott die Schwähcherin von mei Dochter ihrm Mann erzählt, die schafft doch in Gieße inde Uniglienig. Foschbar, sowas. Hott als gebroche und Doschfall, im ganze Haus, dann isse umgekippt unde Trepp enunner gfalle. Da hotte noch e Loch im Kopp krejt. S'Julia hott de Krankewaache geruffe, awwer da war nix mehr ze mache. Foschbar, die arm Fraa.«

»Verstehe ich nicht, der Herr Eichhorn hat sich doch ausgekannt, warum hat er Maiglöckchen gepflückt?«

»Ei neja, die Auche vielleischt, wor ja nemmer de Jüngst.

Isch seh ja auch nix mehr. Hier im linke Auch habbisch de Star un die Brill kannisch für nah ned gebrauche, nur fürs Fennsehn. De Dokter hott gesacht, mer könnte da was mache, awwer ich will ned ins Krankehaus, da kommisch noch früh genuch enin. Ei, isch kann allsfott nix mehr greife midde recht Hand, da fällt mer alles enunner un isch kann misch doch schlecht bücke un de Dokter sacht, des is weje de Nevve...«

Später sitze ich an meinem Schreibtisch mit Blick in die Gärten und kann mich nicht konzentrieren. Ein merkwürdiges Gefühl, der Tod so nahe. Wenn ich aufstehe und mich direkt vor die Scheibe stelle, kann ich die Ecke sehen, wo Reinhard seinen Bärlauch angepflanzt hat. Maiglöckchen sind dort weit und breit keine zu sehen. Die stehen – so habe ich es in Erinnerung – in Dietlinds Garten, zwischen dem Apfelbaum und den Stachelbeeren. Um dahin zu sehen muss ich den Hals ganz lang machen. Merkwürdig, dieses Stück Garten ist umgegraben. Nur braune Erdrücken, kein grünes Blatt. Dafür sehe ich Dietlinds Strubbelkopf über eine Steige mit Blumen gebeugt, mit denen sie gerade ein Beet anlegt.

In Gedanken beginne ich eine Kondolenzkarte zu schreiben: ›Vom Herrgott beim Brennholzmachen abberufen‹ und ›Ruht in der geliebten Natur, braucht sich um Heizkosten nicht mehr zu sorgen‹.

Die Beerdigung liegt eine Woche zurück. Ich fühlte mich genötigt mit auf den Friedhof zu gehen, wo ich mich dicht an die Eibenhecken drückte, damit mir niemand ein Gespräch aufzwingt, in dem mein einziger Beitrag aus »wie bitte?« besteht.

Eines Morgens finde ich Sascha, zusammengesunken über dem Lenkrad. Schwerer Suff, ist mein erster Gedanke. Er hat immer mehrere Kästen Bier auf der Ladefläche, die meisten davon leer. Es ist bekannt, dass er das Erledigen wichtiger Dinge ungern anderen überlässt.

Eine Stunde später hockt Sascha immer noch dort. Er reagiert auch nicht auf mein Klopfen und Rufen. Ich klingele bei Dietlind, ohne Erfolg.

»Ei, die is fott, middem Bus, midde Landfraue, die kimmt erscht de Obend widder.«

Ich drehe meinen Kopf und erblicke Frau Weil, die mit ihrem Eimerchen vor dem Haus steht und angestrengt in meine Richtung starrt.

»Ihr Sohn sitzt hier im Auto und rührt sich nicht.«

»Ei, siesindas, Herr Sebastian. Wasn middem Sascha?«

»Ich weiß nicht, der sieht so bewusstlos aus.«

Frau Weil kommt heran geschlurft, das Eimerchen schlägt gegen ihre Kittelschürze.

»Ei, wegge sen ma.«

Ich klopfe laut gegen das schmutzige Blech. Sascha rührt sich nicht. Beim Türöffnen fällt eine Flasche und platzt vor meinen Füßen. Klebrige, alkoholische Brühe spritzt.

Schlimmer ist der Gestank. Sascha hat auf das Armaturenbrett gekotzt, von dort floss der Brei auf den Wagenboden, wo er sich mit der bräunlichen Suppe mischt, die aus seiner Hose kam. Sein Kopf liegt auf dem Lenkrad, die Augen stehen halb offen. Ich rüttele an seiner Schulter. Sein linker Arm fällt schlaff nach unten, sonst geschieht nichts.

»Ich glaube, ich rufe besser den Krankenwagen«, sage ich zu Frau Weil, die neugierig an mir vorbei lugt.

»Ei, fehldm was?«

»Sieht nicht gut aus, ich glaube, das ist ernst.«

»Ei, de Sascha is aach dod.«

Frau Weil schlenkert aufgeregt mit ihrem Eimer herum.

»Hott sich aach vergift, Gewidder, s'wor gorned s'gans Gsüffel. S'wor so e Eiwwezeuch wie vonnem Friedhof, ei, isch kanns ned glauwe.«

»Wissen Sie das wieder von der Schwägerin ihrer Tochter?«

»Ei, des ist die Schwähcherin von mei Dochter ihrm Mann, die schafft ...«

»Im Krankenhaus, ich weiß«, sage ich.

»Ei, naa, inde Uniglienig ...«

Dietlind tritt vor die Haustür und leert einen Putzeimer aus. Sie sieht schlechter aus als gewöhnlich. Schuldbewusst grüßen wir. Ich nutze die Gelegenheit um zu entwischen.

Merkwürdig, zwei Tote durch Gift in kurzer Zeit in der zerstrittenen Nachbarschaft ist eigentlich zu viel Zufall. Unabsichtlich nimmt doch kein Mensch Eibengift zu sich, zumindest nicht soviel, dass es zum Tod führt. Außerdem hatte Sascha seine Droge schon gefunden und die kommt aus einer Brauerei im Herzen der Natur.

Ein paar Tage später treffe ich vorm Haus einen Herrn mit Aktentasche und Handy.

»Hallo, der Herr Pfeiffer, wohnt der hier?«

»Herr Pfeiffer? Hm ...«

»Ja, Sascha Pfeiffer, wegen dem Haus, er will doch die Nummer Sieben verkaufen. Ich kann ihn telefonisch einfach nicht erreichen. Maklerbüro Immar, Schuler mein Name.«

Er tupft sich die Stirn und schaut sich suchend um.

»Das müsste es sein«, sagt er dann, auf das Eichhornsche Haus zeigend. »Wohnt da noch jemand? Sieht fast so aus.«

Ich verstehe überhaupt nichts mehr.

»Ja, da wohnt Frau Eichhorn, die ist vor kurzem Witwe geworden. Ich verstehe nur nicht, weshalb Sascha ... Der wohnt eigentlich hier, in der Nummer Drei.«

Herr Schuler will klingeln.

»Also ..., also, der ist nicht da«, stottere ich herum, »also, der kann nicht, der lebt nicht mehr.«

Herr Schuler macht runde Augen.

»Oh, wie, äh, das tut mir leid, äh, mein Beileid.«

»Ja, danke, ich bin nur ein Nachbar. Vielleicht ist seine Mutter da.«

Er blickt unruhig auf die Uhr.

»Nein, nein, danke. Äh, ich glaube, ich muss jetzt, keine

Zeit. Ich melde mich noch mal.«

Mit schnellen Schritten verschwindet er zwischen den Häusern. Dafür erscheint Julias Nase an der Tür.

»Herr Sebastian, was hadde gewollt?«

»Das war ein Makler, wegen Ihrem Haus.«

»Was haddern gesacht, wern geruffe hadd?«

Ich zögere. Julia kommt meiner Antwort zuvor. »De Sascha, gell? Isch habb mers doch gedacht, der aale Säukopp.«

Bevor ich etwas erwidern kann, ist die Tür zu.

Tags drauf laufe ich schon wieder Frau Weil über den Weg.

Entweder sie oder ihr Eimerchen passen mich ab.

»Ei, Herr Sebastian, hawwese gescht'n middem Makler gesproche? Willse schon verkaufe?«

»Wen meinen Sie? Wer will schon verkaufen?«

»Ei s'Dietlind. Die erbts doch.«

»Was erbt sie? Etwa das Eichhorn-Haus?«

»Eija, eichentlich ja de Sascha, awwer jetzt s'Dietlind.«

»Woher haben sie das nun wieder?«

»Ei, de Kusine vomeim Sohn sei Frau schafft doch beim Nodah. Die hot erzählt, dassde Opa's m Reinhad nur gewwe hat, weil'e unnerschriwwe hadd, dasde Sascha's kriecht, wanner dod is. Da wa'de Reinhad noch ned verheirat. De Reinhad had e neu Desdamend geschriwwe, awwer dademit war'e ned beim Nodah, der aale Geizknopp un jetzt dhuts ned gelde.«

Von ihrer Erklärung wird mir fast schwindlig, aber ich habe es begriffen. Alle geben sich Mühe so hochdeutsch zu reden, wie möglich, auch Frau Weil.

»Un, was hadde gesacht?«

Frau Weil lässt nicht locker, sie stellt sogar ihren Eimer ab, um zu zeigen, dass sie Zeit hat. Dietlind kommt mit einem Einkaufskorb aus dem Haus. Sie steuert auf uns zu.

»Morje Frau Weil, morje Herr Sebastian.«

Artig und verlegen grüßen wir zurück.

»Widder schwer warm heut. Ach, was dhu ich schwitze. Im Gadde kannisch bei som Wedder nix mache, nur morjens bis de Sonn hinkommt.«

»Na, zum Glück haben Sie ihre Blumen schon gepflanzt.«

Dietlind starrt mich messerscharf an. Ich sollte mich raus halten.

»Woher wissese dann das, Herr Sebastian?«

»Ich habe sie beim Setzen gesehen. Schöne Blümchen. Auf die Maiglöckchen hatten Sie wohl keine Lust mehr?«

»Ach, Sie habbe des alles gesehe?«

»Ja, aus meinem Arbeitszimmer kann ich die Gärten ...«

»Ach, des is ihne ihr Awweitszimmer? Bei Paulis wor des de Räuskammer ...«

Pauli, das waren wohl meine Vormieter. Ihr hätte klar sein sollen, dass sich etwas ändern könnte.

Julia Eichhorn wartet auf mich. Der Besen in ihrer Hand ruht auf dem Asphalt.

»Herr Sebastian, guggesema, des is Zeuch vomeim Mann, se könne dadefon hawwe.«

Zwei große Kartons und drei gelbe Säcke mit Textilien stehen zwischen ihren Mülltonnen.

»Des sin gude Sache, guuggesema, de Sonndagsanzuch, n'Hut un Schuh sin aach debei. Rauchese Peiff? Un hej, nochn Haafe Fidschogasedde ...«

Ich starre das Gerümpel an. Höflich sein ist schwer, aber sie tut mir leid, deswegen sehe ich genauer hin.

»Was ist dann in den Flaschen dort?«

»Och, desda isn aale Konjack, den hotte für gut uffgehowwe, der is schwer aalt. Des anner ist selbstgemachte Schnabbs. Un nochn Wei, n'vier'nseschzischer Mosel. Alles noch ned uffgemacht, könnese hawwe, isch mach mer nix draus.«

»Auja«, mischt sich Kai ein, »komm, Basti, das ist doch lecker. Damit machen wir uns einen richtig gemütlichen Fernsehabend.«

»Aber nur die Flaschen.«

Soweit kommt es noch, dass ich mir die alten Lumpen an die Backe kleben lasse.

Den Wein schütte ich sofort weg, er riecht wie eine Obstmüllhalde. Kai vergraule ich mit Hinweisen auf drohende Abgabetermine und Nachtarbeit. Er wird mir lästig, ich sollte meinen Schlüssel zurückfordern. Er klebt wie eine Klette und nervt mit Eifersucht. Außerdem sind da auch noch Torsten und Frank.

Heute muss ich mich nur zwischen Obstschnaps und Cognac entscheiden. Ich flegele mich mit einem Gläschen nach Kirschen duftendem Gesöff vor die Mattscheibe.

Nach dem fünften wird mir komisch, ich vertrage einfach nichts. Ich bin auch ziemlich aufgeregt, obwohl dieser Tatort ein alter Hut ist. Ich schwanke zur Küche, um mir ein Glas Wasser zu holen, aber nach dem ersten Schluck bekomme ich stechende Magenschmerzen. Der starke Brechreiz jedoch lässt mich alles vergessen. Ich komme bis kurz vor die Schüssel, immerhin landet alles direkt davor. Besser wird mir dadurch nicht, denn mein Schließmuskel versagt. Mein Darminhalt flutscht durch die Hosenbeine. Mit letzter Kraft halte ich mich am Waschbecken fest.

Ein Telefon. Verfluchte Mobilteile, nie weiß ich wo ..., warum ist Stuhl im Weg ... autsch ... Schnapsflasche ... wie die, die draußen vor die Füße ..., der Teppich ... das stinkt, da, das Telefon ... oh, noch mehr, aufs Telef...

Die Leiche stinkt nicht

oder: Lammkeule toskanisch

Brigitte Pons

Als es klingelte, betätigte Charlotte Thoma den automatischen Türöffner und ließ den Ankömmling ins Haus, ohne ihn eines Blickes zu würdigen.

Während sie an der Garderobe hantierte, fuhr sie ihn an: „Sie sind viel zu früh dran! Punkt acht Uhr sagte ich. Sind Sie zu dämlich die Uhr zu lesen? Und schalten Sie gefälligst den Taxameter ab – wehe, wenn der schon läuft. Hoffentlich können Sie wenigstens fahren. Nicht so wie meine Nichte, die schon wieder ihr Auto verschrottet hat, die blöde Gans. Dann bettelt sie mich auch noch an, weil die Versicherung nicht zahlt. Tantchen hat ja genug Geld. Aber nicht mit mir. Wer großzügig ist, ist die längste Zeit reich gewesen!"

Sie schlüpfte in Schuhe und Jacke, klemmte die Handtasche unter den Arm und begutachtete sich wohlgefällig im Spiegel.

„Sind Sie stumm oder was? Sehen Sie zu, dass Sie die Koffer in den Wagen schaffen." Ärgerlich fuhr sie herum und ihre kleinen, hellblauen Augen funkelten. „Was zum Teufel …?" Dann wurde es dunkel.

Immerhin roch es nicht.

Kriminalhauptkommissar Schneider atmete auf. An diesem sonnigen Vormittag war er mit seinen Kollegen aus der Kriminalinspektion Hofheim nach Bad Soden gerufen worden. Erst am Wochenende hatte er hier mit seiner Frau im alten Kurpark ein Konzert besucht und den Wasserturm bestiegen, um die Aussicht zu genießen. Ein perfekter Tag, eine perfekte Idylle. Und jetzt das.

In der Villa am Quellenpark bot sich ihm ein unschönes Bild. Die Witwe eines Wurstfabrikbesitzers lag im Badezimmer; am Wannenrand und unter ihrem Kopf eine getrocknete Blutspur. Da half auch kein Heilwasser mehr.

An manche Dinge konnte Schneider sich einfach nie gewöhnen. An den Geruch von Leichen zum Beispiel. Auch nicht nach zwanzig Dienstjahren. Aber diese hier roch nicht und war völlig anders als alles, was er bisher gesehen hatte.

Sein Blick schweifte durch die luxuriösen Räume bis zum Gepäck auf dem Flur, wo er hängen blieb.

‚MEX-FRA' las er auf dem Kofferetikett.

Grübelnd richtete er seine Aufmerksamkeit auf die Unterlagen in seiner Hand, betrachtete dann erneut die Tote und schüttelte bedächtig den Kopf.

‚Die Schuhe', dachte er und stutzte.

Hier war etwas faul. Und das war nicht die Leiche.

Zurück in seinem Hofheimer Büro überflog Schneider am Nachmittag nochmals das Vernehmungsprotokoll. Melanie Weller hatte sich nach der unappetitlichen Identifizierung tapfer geschlagen. Ihren Angaben zufolge hatte sich ihre Tante nach einem mehrwöchigen Urlaub nicht bei der Familie zurückgemeldet. Frau Thoma war alleinstehend und wohlhabend. Sehr wohlhabend.

Die Firmenleitung hatte sie schon lange abgegeben, weshalb sie dort nicht vermisst wurde. Nachdem mehr als vier Wochen ohne eine Nachricht verstrichen waren, veranlasste die besorgte Nichte die amtliche Öffnung der Wohnung.

Wie denn das Verhältnis innerhalb der Familie war, was Charlotte Thoma für ein Mensch gewesen sei, hatte Schneider wissen wollen. Melanie Weller hatte sofort ein Taschentuch gezückt: Eine gute Seele, ein echter Schatz, ein schwerer Verlust für alle. Ihre Augen hatten unablässig geblinzelt.

Gerade ihre Mutter träfe es besonders hart, seien die Schwestern doch innig verbunden gewesen – fast wie Zwillinge, nicht nur äußerlich.

Mit gesenktem Blick hatte sie vor ihm gesessen. Das unruhige Klappern ihrer Lider über den geschwollenen, blauen Augen hatte Schneider so sehr irritiert, dass er die Befragung schneller als sonst beendete.

„Identifizieren?" Herta Weller griff sich ans Herz. Der Beamte, der sie auf dem Flur der Dienststelle angesprochen hatte, nickte vorsichtig. Frau Weller packte den Arm ihres Mannes. „Ich ertrage das nicht; kannst du das nicht machen?"

Doch Bodo Weller war nicht in der Lage ihr beizustehen. Kreidebleich lehnte er an der Wand. Sie strafte ihn mit einem zornigen und, wie Kriminalhauptkommissar Schneider befand, verächtlichen Blick.

Vielleicht war er ungerecht, aber sein Instinkt sagte ihm, dass es kein Fehler war, ihre Reaktion zu beobachten. Eigentlich war es ausreichend, dass Melanie Weller die Leiche identifiziert hatte.

Als die Frau ihn vor seiner Bürotür entdeckte, stürmte sie ihm entgegen und baute sich vor ihm auf.

„Sie! Sie sind doch hier der Oberwachtmeister."

„Kriminalhauptkommissar."

„Das können Sie nicht von mir verlangen! Ich bin noch ganz außer mir ... der Schmerz, der Verlust ... sie war meine einzige Schwester! Außerdem hat meine Tochter das doch erledigt. Allein der Gedanke ekelt mich: Maden und Verwesung."

Sie wusste, wie Schneider bekannt war, berufsbedingt Bescheid über den Zersetzungsprozess unsachgemäß gelagerten Fleisches, führte sie doch in dritter Generation eine Metzgerei in Kelkheim. „Ich werde das nicht machen. Punktum!"

Die kleine, korpulente Frau stemmte empört die wurstförmigen Finger in die Seiten und starrte ihn aus ihren zusammengekniffenen, blauen Schweinsäuglein an. Sie sah der Toten erschreckend ähnlich. Selbst die akkurat gelegten, blondierten Löckchen waren auf die gleiche Länge gestutzt.

Für eine kurze Sekunde empfand Schneider ein gewisses Schamgefühl darüber, dass er bei ihrem Anblick an Miss Piggy aus der Muppetshow denken musste. Doch gleichzeitig registrierte er, dass nichts mehr von der ergriffenen Trauer über den Verlust ihrer um ein Jahr älteren Schwester geblieben war.

„Selbstverständlich müssen Sie nicht, Frau Weller. Da hat sich mein Kollege etwas missverständlich ausgedrückt." Zugegebenermaßen auf seine ausdrückliche Anweisung hin, aber das behielt er für sich. Er bat sie ins Büro und auch der bleiche Bodo folgte ihnen.

„Wann hatten Sie zuletzt Kontakt zu ihrer Schwester?"

„Sie hatte mich angerufen. Das war, warten Sie – das Datum – hilf mir doch mal, Bodo!"

Aber der war weiter damit beschäftigt, seine Fassung wiederzuerlangen.

„Als sie in Mexiko angekommen war", erklärte Herta Weller schließlich, mit genervtem Unterton. „Wann das war, werden Sie ja wohl herausfinden können, Herr Wachtmeister. Oder nicht?"

„Kriminalhauptkommissar", merkte er an, ohne den Kopf aus den Unterlagen zu heben. „Das kann ich herausfinden. Selbstverständlich." Dann legte er den Stift beiseite und musterte sie. „Haben Sie eine Erklärung, was ihrer Schwester zugestoßen sein könnte?"

Herta Weller holte tief Luft und ließ ihrem Unmut freien Lauf.

„Sagen Sie mal, wer ist denn hier der Polizist? Sie oder ich? Das war doch ganz klar ein Unfall. Charlotte kam von der Reise zurück und musste offenbar ganz dringend zur Toilette."

„Die Fahrt vom Flughafen nach Bad Soden dauert nur eine knappe Viertelstunde", warf Schneider skeptisch dazwischen.

„Na und?" Herta Weller ließ sich nicht beirren. „Charlotte hatte immer schon eine schwache Blase. Und vielleicht gab es ja auch einen Stau. Der Flughafen wird ausgebaut, falls Sie das noch nicht gemerkt haben. Da sind überall Baustellen. Jedenfalls hatte sie es sicher sehr eilig. Dann ist sie wohl mit ihren Pumps auf den Fliesen ausgerutscht und hat sich den Kopf aufgeschlagen. Das ist doch ganz einfach, Herr Wachtmeister."

Inzwischen war er sicher, dass sie ihn mit Absicht so ansprach.

„Offensichtlicher geht es kaum!"

Kriminalhauptkommissar Schneider nickte. „Richtig, offensichtlicher geht es wirklich nicht."

„Hubert, du überprüfst die Fluggesellschaft. Manfred, du findest den Taxifahrer. Spricht einer von euch spanisch? Jemand muss im Hotel anrufen." Schneider erteilte seine Anweisungen ohne die Stimme zu heben. „Um die Bank kümmere ich mich. Wenn die Rechtsmedizin sich meldet, sofort durchstellen." Vor ihm ausgebreitet lagen die Tatortfotos. Der Anschein von Eindeutigkeit machte ihn argwöhnisch. Für sein Gefühl war im Bad zu wenig Blut geflossen. Es war nicht davon auszugehen, dass Frau Thoma dorthin gewankt war, nachdem sie sich andernorts die tödliche Verletzung zugezogen hatte. Und ganz sicher hatte sie nicht vorher noch die Blutspuren beseitigt. Der Täter hielt die Polizei für dumm – und das nahm Kriminalhauptkommissar Schneider sehr persönlich.

Er hatte gleich geahnt, dass die Schuhe wichtig waren. Der Kreditkartenbeleg lag obenauf im Schreibpult, neben der Quittung einer Textilreinigung. Schneider machte sich auf den Weg zur Bad Sodener Brunnenstraße. Dort hatte Charlotte Thoma die italienischen Designerpumps am Tag vor der Abreise gekauft – passend zu ihrem Hosenanzug, den sie zuvor aus der Reinigung nebenan abgeholt hatte. Erstaunt nahm Schneider zur Kenntnis, dass niemand der zahlungskräftigen Kundin nachtrauerte. Im Gegenteil.

Die Mittagspause verbrachte er in der angrenzenden Pizzeria. Geizig sei die Thoma gewesen, arrogant und zickig, erfuhr er dort.

‚Sie waren wie Zwillinge', dachte er grinsend und wunderte sich nicht mehr.

Dann nagte er weiter an seinem Lammkotelett und überlegte: Die Schuhe waren absolut sauber, frei von Schmutzpartikeln, bis auf ein paar winzige Teppichfasern. Auch die Kleidung wies keinerlei Tragespuren auf, die auf eine längere Reise hindeuteten. Merkwürdig, nach vielen Wochen in mexikanischer Sonne, Hitze und Staub. Hatte die Frau die Kleidungsstücke vielleicht im Koffer mitgenommen und lediglich für den Rückflug angezogen? Unwahrscheinlich.

Mitten hinein in Mahlzeit und Gedanken klingelte sein Handy. In der Kopfwunde der Toten hatte der Gerichtsmediziner Spuren gefunden. Sie ließen nur einen logischen Schluss zu, und der verschlug Schneider die Sprache. Und den Appetit.

„Fest steht, und zwar unzweifelhaft, dass Frau Thoma durch äußere Gewalteinwirkung auf den Kopf ums Leben kam. Aber nicht wie zunächst vermutet, durch einen Sturz, sondern mittels eines Schlages mit einem stumpfen Gegenstand."

In Charlotte Thomas Wohnzimmer saß Familie Weller auf dem Sofa, während Kriminalhauptkommissar Schneider vor ihnen auf und ab ging.

„Das bedeutet ganz klar: mindestens Fremdverschulden, wenn nicht Totschlag oder im Fall der Heimtücke, Mord."

Die Worte zeigten die gewünschte Wirkung. Die Schwester der Toten reagierte wie erwartet als erste. „Worauf wollen Sie hinaus? Dass es jemand von uns war? Halten Sie sich für Hercules Poirot, der die Verdächtigen am Tatort zum Geständnis bringt?"

„Halten Sie sich und Ihre Familie für Verdächtige?" Schneider konnte ein leichtes Grinsen nicht unterdrücken, als sie vom Dekolletee bis zum Haaransatz rot anlief. Aber sie sagte nichts mehr.

Er nahm den Faden wieder auf. „Als wir die Angaben zum Auslandsaufenthalt der Verblichenen überprüften, ergab sich folgendes Problem: Der ermittelte Todeszeitpunkt lag deutlich vor dem Rückreisedatum."

Bodo Weller keuchte. „Wie soll das gehen?"

„Ich bin sicher, mindestens einer von Ihnen kennt die Antwort."

Das Ehepaar Weller sprang zeitgleich aus den Polstern.

„So eine Unverschämtheit!"

Bodo öffnete den Mund, doch zu hören war nur Hertas Geschrei.

„Und die Mordwaffe?", kreischte sie. „Haben Sie die gefunden? Ohne Fingerabdrücke oder dergleichen können Sie nichts beweisen. Das sind nur haltlose Vorwürfe!"

„Sie haben Recht, das war wirklich schwierig. Doch dazu komme ich später", fuhr der Kommissaar fort. „Was uns zunächst Kopfzerbrechen bereitete war der Anruf ihrer Schwester aus Mexiko. Der hatte ja bestätigt, dass sie dort angekommen ist. Sie hat auch in einem Hotel eingecheckt, das sie aber schon am nächsten Morgen mit unbekanntem Ziel wieder verlassen hat. Hier verliert sich ihre Spur vollständig, bis zu dem Augenblick, in dem sie die Heimreise antrat." Schneider richtete den Blick aus dem Fenster auf die im Wind wogenden Parkbäume. Wie friedlich die Welt doch sein könnte, wenn nur die Menschen nicht wären, überlegte er und seufzte kurz, ehe er weiter sprach.

„Sie haben übrigens eine sehr nette Tochter. Ein bisschen naiv vielleicht – nehmen Sie mir das bitte nicht übel, Melanie." Er musterte die junge Frau wohlwollend, dann wandte er sich wieder ihren Eltern zu. „Sie haben sie in Ihren Plan nicht eingeweiht, habe ich Recht? Als ich sie zu den Beziehungen innerhalb der Familie befragte, merkte ich sofort, dass etwas faul war. Sie zwinkert mit den Augen, wenn sie nervös ist. Und sie war sehr nervös. Fast wie Zwillinge seien sie gewesen. Da ging mir ein Licht auf. Der Plan hätte nicht funktioniert, ohne diese unglaubliche Ähnlichkeit." Schneider wartete auf eine Explosion, doch diesmal blieb Frau Weller stumm. „Um es kurz zu machen: Charlotte Thoma hat das Land nie verlassen. Wir haben Beweise, dass Sie, Frau Weller, am Tag nach der angeblichen Ankunft ihrer Schwester in Mexiko, dort selbst in einen Flieger nach Hause gestiegen sind. Ein guter Trick, und beinahe wären wir darauf hereingefallen."

Frau Weller schwieg verbissen.

Schneider fuhr fort: „Eine weitere Reise nach Mexiko folgte passend zum gebuchten Rückflug, wo Sie Charlotte Thomas Platz wieder einnahmen. Vielleicht war es übertrieben, dem Taxifahrer auf dem Heimweg von Ihrer schwachen Blase zu erzählen. So ausschweifend, dass er sich auch Wochen später noch daran erinnern konnte.“

Bodo Weller sackte immer weiter in seinem Sessel zusammen. Melanie zwinkerte im Halbsekundentakt dümmlich vor sich hin. Ihre Mutter starrte feindselig auf den Teppich. Die zusammengepressten Lippen gekräuselt, so dass sich ein weißer Rand um ihren Mund zeigte und der Lippenstift unschöne Risse bekam.

„Die Frage nach dem Motiv ließ sich leichter klären. Ihre Finanzen sind ein einziges Desaster. Die Billigprodukte aus der Fabrik ihrer Schwester sind harte Konkurrenz für ihre Metzgerei, nicht wahr?“

Seine rhetorische Frage blieb unbeantwortet.

„Kommen wir zur Tatwaffe. Normalerweise hätten wir nichts finden können. Nach so langer Zeit als Fliegenfutter – so hatten Sie sich das sicherlich gedacht – ist oberflächlich nicht mehr viel Fleisch übrig. Vor allem im Bereich einer Wunde. Ein kleiner Irrtum, in diesem speziellen Fall. Wir fanden sogar mehr, als da sein durfte: Rückstände von Fleisch und Knochensplitter. Vom Lamm. Vermutlich Lammkeule. Bietet sich als Schlagwerkzeug gut an.“ Bodo Weller stöhnte und senkte das Gesicht in beide Hände.

Doch Schneider ließ ihm keine Verschnaufpause. „Tiefgefroren, nehme ich an. Das erhöht die Schlagkraft enorm. Keine schlecht Idee, eigentlich. Wäre die gute Frau Thoma nicht unplanmäßig mumifiziert.“

„Mumifiziert?“ Herta Wellers Stimme überschlug sich.

„Die Leiche Ihrer Schwester ist nicht verwest. Hat ihre Tochter das nicht erwähnt? Das ist sicher ein Schock für Sie. Das geöffnete Fenster war daran schuld.“

„Du hast doch gesagt ...“, keifte Herta Weller los, boxte ihren Mann auf die Schulter und verstummte erschrocken.

„Wäre der Plan nicht so perfide, man müsste Ihnen für

die Kreativität direkt Respekt zollen. Aber das verbietet meine Berufsehre und auch der gute Geschmack. Das war es, Frau Weller."

Bodos Unterlippe zitterte. „Ich hab das Fenster nicht aufgemacht", flüsterte er.

„Glaub nur nicht, dass du davon kommst!", zischte Herta.

„Das wird er nicht", erklärte Schneider. „Eine Überwachungskamera hat aufgezeichnet, wie er Sie zum Flughafen gebracht hat."

Herta Weller hörte ihm gar nicht zu. „Du hast behauptet, das geht schnell mit den Maden. Du hast behauptet, das funktioniert. Wo waren sie denn, deine blöden Fliegen? Warum haben sie sie nicht aufgefressen, deine blöden Fliegen?"

„Es hätte funktionieren müssen", heulte er auf. „Genau zu der Zeit, als sie zurück kommen sollte, hätte die Eiablage beginnen müssen. Ich habe das recherchiert. Es hätte die richtige Zeit sein müssen. Wie lange sie vorher schon da lag, hätte niemand herausgefunden."

„Hätte, hätte", äffte sie ihn nach. „Du hast dich verrechnet, mit deinem 'Hätte', du Trottel! So wie du dich auch im Geschäft immer verrechnet hast. Sonst wären wir nicht bankrott. Sie schlug ihm die Handtasche auf den Kopf. Mit einem ähnlichen Schlag hatte sie vermutlich ihre Schwester erledigt.

Kriminalhauptkommissar Schneider nickte dem wartenden Beamten auffordernd zu, der ihr nun die Tasche abnahm und Handschellen anlegte.

„Aber wieso?", schrie sie ihm ins Gesicht. „Wieso ist dieses Miststück nicht verrottet? Diese geizige Hexe, die uns mit einem einzigen Scheck hätte retten können?"

„Hätte, hätte!", kicherte Bodo hysterisch. „Hätte, hätte."

„Halt den Mund, du Idiot!", herrschte sie ihn an, doch

das interessierte ihn nicht mehr. Er lachte weiter. Schneider erläuterte mit ruhiger Stimme: „Das Wetter in der Übergangszeit eignet sich hervorragend für den Trocknungsprozess. Die gleichmäßige Luftzufuhr durch das geöffnete Fenster, die milden Temperaturen; kein Frost mehr und noch keine große Hitze. Perfekt, um dem Körper alle Flüssigkeit zu entziehen. Als die Zeit für die Fliegen kam, war sie nicht mehr geeignet, um Eier in ihrem Fleisch abzulegen. Zu trocken. Eine letzte Frage, nur aus Neugier. Was wurde aus der Tatwaffe?"

„Lammkeule toskanisch, mit Rosmarinkartoffeln. Und es hat mir gut geschmeckt!"

„Zartes Taunussteiner Weidevieh, aus artgerechter Haltung", murmelte Bodo und nickte dazu. „Kein Importfraß, wie bei Charlotte."

„Abführen", forderte Kriminalhauptkommissar Schneider kopfschüttelnd. „Alle beide." Er war heilfroh, wenn er sie nicht mehr sehen musste.

Zurück blieb Melanie, die neben ihm stand und beobachtete, wie ihre Eltern in den Streifenwagen stiegen.

„Kann ich irgendetwas für Sie tun?", fragte Schneider mitfühlend. „Soll ich Sie nach Hause fahren?"

Sie schaute ihn aus verquollenen, hellblauen Augen an. ‚Schweinsäuglein, wie die ihrer Mutter', dachte er.

„Nein danke, Herr Wachtmeister."

„Kriminalhauptkommissar", korrigierte er gepresst.

„Ich bin doch zu Hause, sozusagen. Charlotte ist tot - und wenn meine Eltern ins Gefängnis müssen, bin ich vermutlich die Alleinerbin. Oder nicht?" Sie tupfte sich die Augen und lächelte tapfer. „Dann muss ich mich jetzt um die Metzgerei kümmern. Und um die Fabrik. Aber mit Wurst kenne ich mich aus und auch mit der Buchhaltung. Das ist viel Arbeit, die da auf mich wartet." Das Blinzeln hatte plötzlich aufgehört. „Was meinen Sie, Herr Wachtmeister, die Hütte hier ist sicher anderthalb Millionen schwer, oder? Bei der Lage, mit Blick zum Hundertwasserhaus."

Melanie legte dem überraschten Kommissar sanft eine Hand auf den Arm. „Ich werde gleich meinen Anwalt anrufen und einen Finanzberater." An ihrem Schlüsselbund klimperten zwei Wohnungsschlüssel, als sie ihn zum Ausgang schob. Einen davon steckte sie von innen ins Schloss. Das tapfere Lächeln verzerrte sich zu einem berechnenden Grinsen.

„Zeit ist Geld, Herr Wachtmeister. Darum kann ich nicht länger plaudern und mit Ihnen meine Zeit vertrödeln."

Und alle Einfalt verschwand aus ihrem Gesicht, als sie ihm die Tür vor der Nase zuschlug.

Abgestürzt

Susanne Rüster

Die Metallklaue schwingt durch die Luft, öffnet sich, fasst die gefällten Fichten und entlädt sie donnernd in den Container. Jetzt erfassen die Greifzähne des Krans die Ministerialrätin. Sie wird zappelnd mit ein paar Stämmen in die Luft gezogen und auf einem Holzstapel abgeworfen. Ein Aufschrei geht durch die Menschen, die zum ersten Spatenstich für die neue B 999 gekommen sind.

Aber das ist leider nur die Phantasie einer Umweltaktivistin, deren Kampf gegen das Bäumefällen zu Ende geht. Unsere Schilder liegen am Boden. Für Taunus, gegen Lobbyismus! Uns stinkt's! B 999 beerdigen! Aber ich wäre nicht Ute Kraefft, wenn ich nicht noch einen Joker hätte.

Heute sind mehr Polizisten als Demonstranten da. Die Ministerialrätin wird erwartet. Dr. Beatrice Wollenschlaeger wird den ersten Spatenstich setzen. Die Bauarbeiten für die Schnellstraße durch den Taunus beginnen. Heute will sie zu allen sprechen, auch zu den Demonstranten, und vor allem zu mir. Wir kennen uns gut. Wir haben uns bekämpft, seit ich denken kann. Nur die Mittel haben sich geändert.

Der Dienstwagen fährt durch den Matsch, den die Aprilschauer hinterlassen haben. Frau Dr. Wollenschlaeger trägt ein beiges Kostüm, ihre blondierten Haare wehen im kalten Wind. Gut gekleidete Menschen entsteigen den Wagen. Was für ein Gedöns!

Ich kichere, als ein Mann fluchend seinen Schuh in eine

lehmige Pfütze setzt.

Einige Reporter sind erschienen, gut so. Auch der Bänkelsänger hat Position bezogen, er wird eine Moritat hören lassen und dazu seinen schwarzen Stock wie ein Metronom schwingen.

Ein letzter Blick auf unsere Hütte. Tausende haben wir gegen die Schnellstraße mobilisiert, Aufnahmen von gerodeten Waldflächen mit tiefen Bulldozer-Spuren gezeigt, Kerzen im Schnee abgebrannt. Der Schnee ist geschmolzen, die Proteste sind zu Mahnwachen geschrumpft, die Hütte ist verwaist. Bald wird die Metallklaue sie wegtragen. Immerhin haben zwei Aktivisten bei gemeinsamen Sitzblockaden als Paar zusammengefunden.

Ich ziehe aus meiner Jackentasche ein Tannen-Aroma-Spray, um den Verlust der Bäume sinnlich wahrnehmbar zu machen, und sprühe es in den feinen Tross aus dem Regierungspräsidium hinein. Manchmal fühle ich mich zu alt dafür, mit Trillerpfeife, Trommel und Plakat herumzulaufen. Das ist das Dumme, wenn man Umweltaktivistin ist und nicht Politikerin: Man kann seine Meinung so verdammt schwer ändern. Aber es gibt immer wieder junge Leute, die so sind, wie ich es einmal war, und die haben so ihre Ideen. Erst wollten sie mit Hexen-Masken die gefällten Bäume umtanzen und Besenschläge austeilen. Das habe ich ihnen ausgeredet. Fassenacht ist vorbei.

Dr. Beatrice Wollenschlaeger hat mittlerweile einen Wall von Gefolgsleuten um sich gezogen, und ist fast nicht mehr zu sehen. Aus einem Meter dreiundfünzig lässt sich auch mit hohen Absätzen keine Körpergröße zaubern. Ihre Kleinheit war für die Ministerialrätin immer ein Problem. Erst musste sie zu mir aufschauen, weil ich die Ältere und Größere war. Das half mir, die zehn Jahre durchzustehen, seit sie dazu gekommen war. Die Tochter des zweiten Mannes meiner Mutter. Der erste, mein Vater, hatte sich davon gemacht, als ich drei war. Endlich wieder eine richtige Familie, sagte Mutter. Aber ich wollte keine neue Familie, ich war ja meinem Vater so ähnlich: so eigenwillig, so unangepasst.

Beifall ertönt. Die Ministerialrätin hat den Spatenstich vollzogen. Sie steht auf eingesunkenen Pumps. Dicke Wolken jagen über den Himmel, der Wind pfeift und ihre symbolische Handlung wird verdeckt von den Leuten aus dem Ministerium. Jemand hilft Dr. Wollenschlaeger auf einen Stapel Baumstämme, wo sie um ihr Gleichgewicht ringt. Hohe Absätze finden schwer Halt auf feuchtem Holz. Aber sie meistert diese Herausforderung und zieht eine vorbereitete Rede aus der Tasche. In demselben Augenblick kommt die Sonne durch und lässt ihr Haar aufleuchten. Sie steht jetzt fest mit beiden Beinen auf dem Stapel, unter dem sich Beton zu einer Schnellstraße ausbreiten wird. Die Claqueure jubeln, die Reporter fotografieren und filmen. Jetzt wird ihr Lächeln herangezoomt, Sommersprossen und Augenränder sind unter weiträumig aufgetragener Schminke versteckt.

Noch einmal kommt aus meiner Kehle, so laut, dass sie es auch hört: „Waldklauer!"

Abrupt wendet sie den Kopf, ihr Lächeln wird starr. Am liebsten würde ich ihr den Spaten vor die Füße werfen, aber der ist bereits wieder in einem Begleitauto verpackt.

„Gegen Straßenpower!"

Der Kameramann macht einen Schwenk, was schlecht für mich ist, denn ich bin unten und die Ministerialrätin ist oben. Sie entscheidet, dass es Zeit sei, etwas zu sagen, neigt den Kopf und spricht mit ihrer zweiten Zunge. Sie würdigt die Leute, die für Umweltschutz sind, oh ja, spricht von der Bewahrung der Natur, für die sie sich einsetze, immer, wenn es denn ginge ...

Ich habe gutes Schuhwerk und weiß, wie Stämme geschichtet werden. Im Nu bin ich oben auf dem Stapel. Das passt der Ministerialrätin nicht. Aber sie kann nicht weg. Wir stehen uns gegenüber und ihre grünen Augen, schmal vor Wut, giften mich an.

„Bist du nicht langsam zu alt für solche Demos?“

Sie hat mir nie verziehen, dass ich ohne Nachhilfe durchs Abitur gekommen bin. Unten weiß niemand von dem ganz persönlichen Kampf unter Stiefschwestern. Von unten sieht man eine Aktivistin mit ungefärbten Haaren, dafür einen Kopf größer, neben der Ministerialrätin stehen. Beatrice sucht nach einem ihrer auswendig gelernten Bonmots, um die Sache zu beenden.

„Dreißigtausend Bäume werden gefällt.“ Ich nutze die Zeit für eine kleine Rede, weise darauf hin, wie friedliche Demonstranten erst von der Polizei begleitet, dann mit Pfefferspray und Schlagstöcken vertrieben worden sind. Im Auftrag der Regierenden. Kleiner Wink mit dem Kopf zur Ministerialrätin.

Beatrice hat sich gefangen, wendet sich an die Zuhörer, hebt den Arm, die Hand leicht zu sich gebogen, dass die Finger auf ihr Gesicht weisen. Die Geste kenne und hasse ich seit meiner Kindheit. Immer wenn sie nichts Rechtes zu sagen wusste, gab sie sich genervt und nachsichtig.

„Wir haben es uns wirklich nicht leicht gemacht, aber das Projekt ist unverzichtbar.“

„Der Gutachter ist aber dagegen.“

Ich weiß nicht, was mich reitet, zum Angriff überzugehen. Beatrice herunterzustoßen, das wäre nicht nur Mordversuch, es wäre angesichts der Polizei auch dumm. Außerdem sind die alten Gründe längst verjährt. Thorsten, mein damaliger Freund, den sie mir ausgespannt hatte, kam zurück, weil er ihre beigefarbene Kleidung und ihre auswendig gelernten Sprüche nicht mehr aushielt. Da wollte ich Thorsten aber nicht mehr wiederhaben. Auch dass Beatrice meine Mutter davon überzeugte, dass eine spinnerte, ruhelose Person wie ich mit elterlichem Wohnhaus und Garten nichts anfangen könne, so dass Mutter mich enterbte, hat mich nicht zum Mord verleitet. Mein Auskommen habe ich und mehr als fürs eigene Stück Rasen habe ich mich für die öffentliche Natur interessiert. Ich schwöre, ich hätte mich auf meine Demonstrantensprüche beschränkt und wäre wieder vom Stapel heruntergestiegen, aber die eitle Selbstdarstellung meiner Stiefschwester fordert mich heraus.

„Haben Sie keine Angst, Frau Ministerialrätin, dass man Ihnen auf die Schliche kommt? Der Landschaftsplaner war doch gegen diese Strecke."

Aus dem Augenwinkel sehe ich, wie die Journalisten aufhorchen. Beatrice schnappt nach Luft. Ihre zurecht gelegten Statements passen nicht.

„Du bist doch nur neidisch auf mich", zischt sie mir zu. „Mit fünfzig durch die Straßen ziehen und bekloppte Sprüche rufen ..."

„Der Landschaftsplaner heißt übrigens Dr. Jan Mühlhammer", sage ich laut in Richtung der Journalisten. „Der kann auch etwas zu der Straßenbaulobby sagen, die sein Gutachten zurückgehalten hat."

Beatrice macht zwei vehemente Schritte auf mich zu. Früher hat sie mich, wütend über ihre Unfähigkeit, passend zu kontern, in den Magen geboxt oder ans Schienbein getreten. Es ist mehr ein Reflex, dass ich schnell zur Seite weiche. Sie schießt an mir vorbei, fängt sich kurz, knickt aber dann mit ihren hohen Absätzen um, verliert das Gleichgewicht und kippt kopfüber vom Stapel herunter.

Ich bleibe oben stehen und halte mein Gesicht in die Aprilsonne. Man wird sich unten um die Frau Ministerialrätin kümmern.

Der Bänkelsänger beginnt derweil mit seiner Moritat:

Bäume fällen für Asphalt,
zeugt von staatlicher Gewalt.
Gegen Wollenschlaegers Pläne
zeigten wir beherzt die Zähne.

Jagdsaison

Anna Schneider

Er war ein Jäger. Keiner würde ihn heute Nacht hören. Und sehen erst recht nicht.

Er hatte sein Ritual vollzogen: im Schneidersitz tief durchatmen, die zerstreuten Gedanken zusammenführen und auf ein Ziel hin sammeln. Tief einatmen. Halten. Ausatmen.

Dann die grüne Hose und ein schwarzes T-Shirt anziehen. Tarnjacke drüber, zuknöpfen. Sein Gesicht beschmierte er mit frischer Erde.

Zuletzt rauchte er vor der Tür der kleinen Waldhütte, in der er seine Ausrüstung verbarg, eine Zigarette. Ruhig werden. Mit dem Rauch ließ er seine Gedanken schweifen. Er fühlte sich stark. Die Zeit, in der er sich minderwertig gefühlt hatte, war vorbei.

Früh war seine Mutter gestorben. Viel zu früh. Und sein Vater hatte nichts anderes getan, als ihn mit zum Schießstand in Waldems zu nehmen. In jeder freien Minute. Um den Verlust erträglich zu machen. Für den Vater jedenfalls. Er saß derweil in der Ecke, hielt sich die Ohren zu. Hörte immer wieder das peitschende Knallen der Schüsse. Weinte still. Weil nichts mehr übrig geblieben war. Keine Geborgenheit. Ohne sie.

In dem leeren Haus wurde der Vater immer stiller. Und er mit ihm.

Eines Tages begann auch er zu schießen. Wenn er gut geschossen hatte, waren das gute Tage. Traf er nicht ins Schwarze, prügelte ihn der Vater windelweich.

„Nichtsnutz! Noch nicht mal das kannst du. Besser du wärst tot, und nicht deine Mutter!", schrie er dabei.

Er bemühte sich. Jeden Tag. Seine Schusstechnik wurde besser. Aber Schläge bekam er weiter. Erst als der verhasste alte Mann zu schwach war und fürchtete, der Sohn könne zurückschlagen, da hörte er auf.

Irgendwann.

Dafür war er jetzt einer der besten Schützen im Umkreis. Alles hätte er getan für die Anerkennung des Vaters. Richtig gut war er geworden. Aber geliebt hatte der ihn deshalb nicht.

„Das ist alles, was du kannst. Schießen. Nix hast du aus dir gemacht. Und für so einen wie dich habe mich krumm gemacht. Geh mir aus den Augen, Nichtsnutz!"

Was er konnte, das würde ihm trotzdem keiner mehr nehmen. Treffsicherheit. Doch nur auf Pappkameraden schießen, war ihm bald nicht mehr genug. Obwohl er darin gut war. Sehr gut. Aber bewegte Objekte reizten ihn mehr.

Angst hatte er nie. Er hatte seine Mission gefunden. Und mit ihr neue Kraft für seine Aufgabe, die er wie jedes Mal minutiös vorbereitet hatte. Es sollte ihm keiner nachsagen, er sei nicht geschickt. Schon ein halbes Jahr lang folgte er seiner Berufung. Niemand war ihm bislang auf die Schliche gekommen. Und das würde ihm auch jetzt nicht passieren. Er war einfach zu gut. Er hatte gelernt, still zu halten.

Zu schweigen.

Zu warten.

Er warf die Zigarette auf den Waldboden und trat sie aus.

Mit strammen Schritten ging er durch den Forst, kroch

die Anhöhe hoch und lief rasch auf der anderen Seite hinunter. Nun noch ein kurzes Stück geradeaus durch das Unterholz. Seine Nackenhaare stellten sich auf. Er witterte sie schon.

Es war kühl heute. Aber warm genug, dass man den Atem nicht sah. Heute würde er Jagd machen. Heute, durfte er es wieder erleben.

Er verbarg sich wie üblich im Gebüsch. Konzentration. Er legte den Lauf des Gewehrs auf die Leitplanke, um besser zielen zu können.

Warten. Auf ein Zeichen. Irgendeine Besonderheit, die ihm zeigte, wer der nächste sein sollte.

Da sah er in der Ferne aus Richtung Königstein kommend ein Fahrzeug mit grellen Scheinwerfern, das einen langsamer fahrenden LKW elegant überholte.

Der war es.

Der Wagen kam näher. Er legte an und schoss.

Peng – nur ein Streifschuss.

Am Anfang war er noch zögerlich gewesen, floh nach dem ersten Schuss sofort wieder tiefer ins Gestrüpp. Aber mittlerweile genoss er den Nervenkitzel und verharrte hinter der Leitplanke.

Ein halbes Jahr schon lag er immer wieder auf der Lauer. Vier Stellen gab es im Umkreis, von denen aus er seine Mission in Angriff nehmen konnte.

Peng – Treffer.

Die metallene Kugel zischte durch die Luft und durchschlug die Windschutzscheibe der dunkelblauen Limousine. Quietschende Reifen, krachendes Blech und dann abrupte Stille. Er liebte diese einzigartige Stimmung. Aber verweilen durfte er jetzt nicht.

Geübt schulterte er das Gewehr und trat mit weit ausholenden Schritten den Rückweg an. Das Training hatte sich bewährt. Noch bevor jemand Hilfe holen konnte, war er so weit entfernt, dass ihn niemand würde sehen können.

Die Luft floss rhythmisch durch seine Lungen. Und ein triumphierendes Lächeln lag auf seinem Gesicht. Dieser verdammte Angeber in seinem Schlitten.

Morgen würde er in der Zeitung lesen, wie erfolgreich er bei der heutigen Jagd gewesen war.

Er hatte sich etwas verdient, nach diesem Erfolg. Eine billige Nutte, die es ihm besorgte. Aber nur mit dem Mund. Anfassen würde er so eine Schlampe nie. Nur benutzen. Zur Befriedigung.

Und wenn er dann so richtig gut drauf wäre und entspannt, würde er anschließend noch die Abendnachrichten schauen. Ein guter Tag.

Am nächsten Morgen, als er zurück war in seiner Hütte, betrachtete er stolz die Wände. Da hingen sie. Seine Trophäen. Zeitungsartikel. Ausgeschnitten, angepinnt.

„Taunusschreck" nannte ihn die Presse. Zerborstenes Metall. Unfälle. Berichte von Verletzten. Von der Suche der Polizei. Sein Werk.

Und vor allem der Neue. Ein Toter gestern. Wie schade. Aber was fährt der Typ auch abends durch die Gegend, statt bei Frau und Kindern zu sein, wo er hingehört. Selbst schuld. Und dass der nachfolgende LKW den Zusammenstoß mit der Limousine nicht mehr verhindern konnte, war wirklich traurig. Schade nur, dass es nun dauern würde, bis die Bullen herausfinden konnten, dass sein Schuss der Auslöser dieser Misere war. Wenn überhaupt. Die Limousine war ein totales Wrack.

Er trat einen Schritt zurück. Über hundert Schüsse hatte er im vergangenen halben Jahr abgefeuert. Stolz betrachtete er die Galerie. Alles seins. Sein Vater wäre stolz auf ihn. Aber der ahnte nichts davon. Noch nicht.

Begonnen hatte er mit Kleinbussen. Wie sein Alter sie gefahren hatte, bis er vor fünf Jahren in Frühpension gehen musste. Aber er hatte festgestellt, es gab noch mehr Typen, die es zu jagen lohnte. Geldsäcke. Angeber. Auch Motorräder reizten ihn. Aber nur, weil die bei einem Unfall spektakulärer waren.

Vielleicht heute Abend. Er trat vor die Blockhütte, die er sich mitten im Wald selbst gezimmert hatte. Ob er das durfte? Wen scherte das? Er pfiff auf Genehmigungen. Hier war er der Held. Und so tief in den Taunus verlief sich so schnell keiner. Die Menschen hier nutzten nur ordentliche Wege, wenn sie joggten oder mit ihren lächerlichen Stöckchen durch den Wald liefen. Spießer. Und die Hunde, die sie dabei hatten, wussten gar nicht mehr, was Jagen ist. Das hätte er ihnen beibringen können. Aber Viehzeug interessierte ihn nicht.

Der Winter stand vor der Tür. Oft würde er nicht mehr losziehen können. Aber heute. Noch einmal.

So kurz hintereinander hatte er sich noch nie aufgemacht. Aber es reizte ihn mehr denn je. Das Machtgefühl, das er empfunden hatte, als er von der Kettenreaktion las, die sein Schuss ausgelöst hatte, war einfach zu geil gewesen. Er fühlte sich wie Gott.

Peng.

So klang es auch, als er der Nutte eine geklebt hatte. Letzte Nacht. Nachdem sie fertig war, kam ihm die Idee. Ein Andenken an ihn. Und ein Gruß an seinen Vater. Was der Alte nur an dieser Schlampe fand, dass er sie bei sich wohnen ließ? War auch nicht besser als die anderen Weiber. Jedes Mal, wenn er im Wald geschossen hatte, ging er anschließend zu ihr. Und freute sich diebisch, wenn sein Saft sich in ihren Mund ergoss. Ob sein Vater die wohl noch so gerne küssen würde, wenn er das wüsste? Schießen, das konnte er. Aus jedem Rohr. Er lachte laut auf.

Er ging in den spartanischen Bau und legte sich auf die harte Pritsche. Mehr brauchte er nicht. Er war kein verwöhntes Muttersöhnchen.

Ein Geräusch weckte ihn am späten Abend. Erschrocken fuhr er von der Pritsche hoch. Er verharrte, lauschte angestrengt. Langsam ging er mit dem Gewehr vor die Hütte.

Wieder ein Knacken von Holz.

Dann hörte er ein Schnauben. Wie von einer Wildsau.

Um die musste er sich später kümmern. Es wurde Zeit. Er nahm eine Dose Hausmacher Wurst aus dem Regal, öffnete sie und aß sie direkt mit einem Löffel aus dem Blechtopf. Dann zog er sich an. Rauchte seine Zigarette und machte sich auf den Weg.

Zwei Tage hintereinander, das hatte er noch nie gewagt. Aber das Risiko heute reizte ihn besonders. Ob die Bullen wegen gestern mehr Streife fahren würden? Wohl kaum. Die saßen bei dem Wetter auch lieber in der Stube. Leichter Nieselregen hatte eingesetzt.

Er nahm dieselbe Route wie am Abend zuvor. Das brachte es voll. Er fühlte sich stark. Noch mehr als sonst.

Er ging in die Hocke. Wartete. Beobachtete die wenigen Fahrzeuge, die um die Uhrzeit die einsame Bundesstraße passierten. Er legte das Gewehr auf die Leitplanke.

Peng.

Ein Schmerz durchzog sein Bein.

Peng.

Ein Schuss löste sich aus seinem Gewehr.

Peng.

Sein Arm war unterhalb der Schulter zerfetzt. Er schaute in die Richtung, aus der die Schüsse zu kommen schienen.

Peng.

In dem Augenblick, als er den Schützen sah, tötete ihn ein gezielter Schuss in die Stirn.

Er ließ seufzend das Gewehr sinken. Auch er hatte nichts verlernt.

Er war seinem Sohn gefolgt. Gestern Abend.

Er wandte sich ab und ging wieder in das Unterholz zurück, aus dem er leise gekommen war.

„Nichtsnutz!“

Strandspaziergang

Marlene Schulz

Sie stand an der Kasse, begann ihren Salat, die Gurke, die Tüte mit den beiden roten Paprikaschoten und die abgepackte Putenbrust auf das Band zu legen.

Da sah sie ihn. Alles in ihr, was bis zu diesem Zeitpunkt geschlafen hatte, wurde blitzartig wachgerüttelt.

Er zählte das Kleingeld für die Kassiererin ab. Hatte sich einen Bart, ein langes Ziegenbärtchen, wachsen lassen und Koteletten, deren Spitzen in einem schmalen Streifen bis zum Kinn führten. Sie erkannte ihn an seiner gekrümmten Nase und an der Art, wie er die Brille zwischen den Gläsern mit dem Mittelfinger seiner rechten Hand nach oben schnippte.

Er trug den Ring.

Marylou griff sich reflexartig unter das Kinn. Sie fühlte über die kleine Narbe. Die scharfen Kanten der aus dem Ring hervorstehenden Figur hatte Dennis schmerzlich in sie hineingehauen. Sie spürte, wie sich ihre Nackenhaare stellten, und wie ihr plötzlich heiß wurde. Ihr Atem stockte. Durchatmen, sagte sie sich und schaute in ihren Einkaufskorb.

Sie hatte noch nicht alles auf das Band gelegt, sah aus dem Augenwinkel, dass er in ihre Richtung blickte. Marylou schluckte, schob sich das inzwischen schulterlang gewachsene Haar ins Gesicht, senkte den Kopf, kramte die Sonnenbrille aus ihrer Handtasche. Sie zitterte, als sie sie aufsetzte.

Nicht hinschauen, ermahnte sie sich. Ihr Hintermann hatte nur zwei Dosen Bier. „Gehen Sie nur vor“, sagte sie leise. Ihr Atem beruhigte sich, als der Mann sich an ihr vorbei schob und sie hinter seinem breiten Rücken verdeckte.

Was, wenn Dennis draußen wartet, dachte sie. Sie spürte ihren Pulsschlag am Hals. Rasch packte sie den Salat und die anderen Sachen zurück in ihren Korb, lächelte die Frau an, die jetzt hinter ihr in der Reihe stand. „Was vergessen, zu dumm“, murmelte Marylou ohne sie anzusehen und flüchtete hinter das nächste Regal.

Durch die Sonnenbrille wirkte alles viel dunkler, dennoch konnte sie beobachten, wer aus dem Geschäft hinausging und hereinkam. Dennis war nicht mehr zu sehen, selbst hinter den halb verklebten Schaufenstern nicht.

Marylou studierte die Tomatendosen: passierte Tomaten, Tomaten in Stücken, gehäutete. Sie lugte zum Eingang. Nichts. Nahm eine Erbsendose in die Hand, „sehr fein“ stand auf der Banderole, stellte sie zurück neben die „feinen“, streifte den Blick über die Bohnen, den Mais, die Pilze zweiter Wahl, die eingelegten Gurken, Mixed Pickles, Rote Beete, Rotkraut, bis zum Ende des Regals und wieder zum Eingang.

Kein Dennis.

Sie nahm sich auch das Sortiment in der nächsten Reihe vor, in der übernächsten, noch eine weiter und noch eine, bis aus den Lautsprechern eine männliche Stimme ertönte.

Dennis, dachte Marylou erschrocken. Doch es war nicht Dennis, der da sagte: „Sehr verehrte Kunden, wir bitten Sie, Ihren Einkauf zu beenden. In wenigen Minuten schließen wir.“

Marylou legte als Letzte in der Reihe ihre Sachen auf das Band. „Ist es nicht zu dunkel mit der Sonnenbrille?“, fragte die junge Verkäuferin mit dem Lippenpiercing und dem schwarz gefärbten Kurzhaar, das kreuz und quer abstand.

„Augenleiden“, erwiderte Marylou kurz und streckte ihr hastig einen Zehn-Euro-Schein entgegen.

Ja, Dennis war eine Art Augenleiden, dachte sie, als sie das Geschäft verließ, am Eingang kurz innehielt, nach rechts und links schaute, den Parkplatz auf dem Hofheimer Marktplatz streifte.

Die Straße war leer. Bis zu ihrer Wohnung waren es nur wenige Minuten. Auf dem Weg dorthin ging ihr Dennis nicht aus dem Kopf.

Dieses Dreckschwein, das Monster mit der Hakennase. Diese war das Ergebnis einer Prügelei, bei der ausnahmsweise er den Kürzeren gezogen hatte. Nicht von mir verursacht, bedauerte Marylou. Ich werde ihn in seinem spanischen Ferienhäuschen kalt machen, phantasierte sie.

Das Häuschen glich mehr einer Hütte. Dennis pflegte dort die Weihnachtstage zu verbringen. An einem müden Feiertag werde ich da sein, wenn er es endlich geschafft hat, aus seinem stinkenden Bett zu kriechen. Vor seiner Haustür werde ich auf ihn warten, ihn dabei beobachten, wie er die Jalousie hochzieht, mit nacktem Oberkörper am Fenster steht, gähnt und sich wie ein Gorillamännchen aufbaut, hinausglotzt und sich königlich fühlt. Ich warte, bis er vor die Tür geht, folge ihm, wenn er durch die Straßen zieht, ertrage, wenn er seinen Schleim auf den Asphalt rotzt, hinunter zum Strand läuft, sich eine Kippe in den Mund steckt.

Ich schleiche ihm nach, verstecke mich unter meinem Regencape, ziehe die Mütze tief ins Gesicht. Er bemerkt nichts von mir, fühlt sich sicher.

An der Hütte, dort, wo sie im Sommer die Surfbretter herausstellen, erhebe ich meine Hand, strecke meinen Arm, ziele ohne Zittern. Schieße. In den Rücken. Ein Mal, zwei Mal, vielleicht sogar drei Mal – für jedes beschissene Jahr, das er mich gequält hat, einen Schuss –, bis er zusammensackt, auf die Knie und vornüber in den Sand fällt auf den Müll, den andere Leute achtlos fallen und liegen lassen. Müll zu Müll. Endlich ist er zur richtigen Zeit am richtigen Ort. Ich gehe zu ihm, ohne Eile, ziele noch einmal, setze direkt an der Schläfe an, jage ihm eine Kugel durch seinen verdammten Schädel, puste ihm das Hirn weg und gehe einfach weiter wie bei einem Sonntagsspaziergang am Strand, lausche dem Meeresrauschen, pule vielleicht eine Muschel aus dem Sand und nehme sie mit nach Hause, als Andenken an diesen Tag, diesen Moment, der mich aufatmen lässt, mir die Fesseln nimmt, die Dennis jahrelang um mich gebunden, festgezurrt hat.

Und danach? Marylou lachte.

Ich werde die Geige aus der Reisetasche holen, die er mir beinahe in seiner unsäglichen Wut zerfetzt hätte. Dieser Mistkerl. Werde sie auf meine Schulter legen, die Augen schließen und mich der Musik hingeben, so, wie es mir in den Sinn kommen wird.

Marylou kramte den Haustürschlüssel aus ihrer Tasche. Er lag unter den Einkäufen.

Als die Tür hinter ihr ins Schloss fiel, blieb Dennis im Hauseingang auf der gegenüberliegenden Seite stehen, die Hände in den Seitentaschen seiner Lederjacke. Schmatzend saugte er mit der Zunge einen Speiserest aus seinen Zähnen. „Hab ich dich endlich, du Schlampe“, sagte er laut zu sich selbst.

Er grinste, als er seinen Zigarettenstummel auf den Boden warf, und die Straße überquerte.

Marylou legte die Putenbrust in den Kühlschrank, den Salat, die Paprikaschoten und die Gurke auf die Anrichte in der kleinen Küche. Niemals hätte sie sich für diese geschmacklose rustikale Einrichtung entschieden, mit der die Ein-Zimmer-Wohnung möbliert war, als sie einzog. Glücklicherweise würde sie hier ohnehin nicht länger als drei Monate bleiben, das war inzwischen ihr Rhythmus, der ihr die Sicherheit gab, keine Spuren zu hinterlassen. Allein die gelb getönten Scheiben mit dem geriffelten Glas in den Oberschränken erinnerten sie an die verrauchten Kneipen von damals, in denen sich Dennis vorzugsweise aufhielt und sich regelmäßig vollaufen ließ. Auf dem Heimweg hatte sie ihn mehr als einmal stützen müssen, seinen biersauren Atem ertragen, sein Lallen, seine Obszönitäten.

Eines Nachts hatte sie sich geweigert, mit ihm zu schlafen. Er konnte kaum noch aus den Augen schauen, so betrunken war er. Im Flur übergab er sich. Sie wischte seinen Magenbrei weg, musste beinahe selbst spucken, als sie die stinkende Brühe mit einem Putzlappen aufnahm. Sie hatte gerade den letzten Rest beseitigt, als er sie von hinten umschloss, nach ihren Brüsten grapschte, sie mit seinen Händen fest zusammendrückte.

„Du tust mir weh, lass das“, flehte sie.

„Stell dich nicht so an“, lallte er und drehte Marylou grob zu sich um. Ungefragt küsste er sie, streckte seine lange schleimige Zunge in ihren Mund. Marylou musste würgen, da schlug er zu. Mit geballter Faust. Der Ring traf sie unter dem Kinn. Blut tropfte. Dennis nahm keine Notiz davon, nahm sie auf dem noch feuchten Boden.

In derselben Nacht packte sie mit verheulten Augen hastig ein paar Wäschestücke in eine Tasche, schnappte sich das Sparbuch. Immer wieder blickte sie ins Schlafzimmer und versicherte sich, dass er tatsächlich schlief. Breitbeinig lag er auf dem Bett. Sein Geschlecht hing schlaff zur Seite.

Marylous Atem ging so schnell, dass sie kaum andere Geräusche wahrnehmen konnte. Nur sein Schnarchen war lauter. Ein paar Mal setzte es aus und ließ sie erstarren. Sie blieb bewegungslos stehen, rührte sich nicht, konnte die Anspannung erst lösen, als Dennis die schlafraubenden Laute fortsetzte. Zuletzt nahm sie ihren Wintermantel und die gefütterten Stiefel. Auf Zehenspitzen schlich sie aus der Wohnung. Nie wieder wollte sie an diesen Ort zurückkehren.

Sie hat nicht einmal ihren Namen geändert, stellte Dennis fest, als er die Klingelschilder am Hauseingang überflog. Ein paar Schritte ging er rückwärts, bis er die Hausnummer entdeckte. Fünfunddreißig. Er lief zur Kreuzung und las das Straßenschild: Lorsbacher Kopf.

Marylou sah er genau vor sich, wie sie neugierig das Päckchen auspacken würde, das er ihr zu schicken gedachte. Vielleicht sollte er eine Karte beifügen, darauf schreiben: „Von einem Verehrer", oder irgend so einen Quatsch, auf den sie stand. „Von einem, der dich nicht vergessen kann", wäre auch gut. Riechen wird sie daran. Von mir aus, dachte Dennis. Ich sprüh ihr sogar was drauf, wenn es sein muss. Lächeln wird sie, zuckersüß. Denken, dass es wirklich einen da draußen gibt, der auf sie steht. Soll sie. Wird ihr letzter Gedanke sein.

Er schaute auf seine Armbanduhr. Viertel nach acht. Sah sich bereits in seiner Postbotenuniform, die er erst kürzlich für kleines Geld im Secondhandladen erstanden hatte, und mit dem schwarzen Schnauzbart, den er sich aufkleben würde. Persönlich wird er das Päckchen überreichen. Keine drei Minuten, dann wird sie mit der Überraschung in der Hand hochgejagt. Juhu. Marylou ade.

Wer zuletzt lacht, dachte er, drückte mit der Schuhspitze die Kippe auf dem Bordstein aus, steckte die Hände in die Seitentaschen seiner Jacke und lief zurück. Ein, zwei Bier konnte er sich noch genehmigen.

Wenn Dennis mich heute gesehen hat, dachte Marylou, wird er keine Ruhe geben. Er muss getobt haben, als er damals bemerkt hatte, dass ich weg war, nicht mehr zu ihm zurückkam. Diesem Dennis, der immer alles im Griff hatte, war plötzlich eine Frau davongelaufen. Ha! Das konnte er nicht auf sich sitzen lassen. Vermutlich hat er um sich geschlagen und andere seine Wut spüren lassen.

Er wird mir nicht mehr zu nah kommen, schwor Marylou.

Sie zog die Schublade ihres Nachtschränkchens auf. Der Zettel mit Annis Telefonnummer lag in ihrem Reisepass. Anni war Marylous alte Schulfreundin und vor ein paar Jahren nach Irland gezogen, hatte sich auf einem Hof eingerichtet. Schafe und noch mehr Schafe. Hatte Marylou gedrängt, sie zu begleiten.

Spät war es geworden. Der Wirt hatte ihm irgendwann kein Bier mehr ausgeschenkt. Ihn vor die Tür gesetzt. Auch wenn er vielleicht einen zu viel getrunken hatte, war er immer noch Manns genug, um zu wissen, was zu tun war.

„Ich komme nach“, hatte Marylou damals scherzhaft gesagt, Anni von Zeit zu Zeit eine SMS geschrieben, die Nachrichten und auch die Nummer vorsorglich nie abgespeichert. Vor zwei Wochen hatte Marylou sie angerufen.

„Wann kommst du endlich? Ich will verdammt noch mal mit dir am Strand spazieren gehen.“

Schon längst hatte er das Päckchen bis auf ein paar entscheidende Handgriffe präpariert, alles vorbereitet für diesen Augenblick, sorgfältig aufbewahrt, unter den Schrank geschoben. Jetzt prüfte er noch einmal sein kleines Kunstwerk, vollendete das Prachtstück, malte sich das Szenario aus: Klingeln. Sie wird öffnen, das Päckchen entgegennehmen mit diesem unsäglich erstaunten, dummen Gesichtsausdruck. Vielleicht wird er ihr sogar noch einen schönen Tag wünschen, vor die Haustür treten, ein paar Schritte gehen. Und dann, endlich, diesem verfluchten Weib den Garaus machen. Du kommst mir nicht mehr in die Quere! Paff! Dennis schnalzte zufrieden mit der Zunge.

Aus der Schublade zog Marylou den Fahrplan, den sie sich nach dem Telefonat besorgt hatte. Sie schaute auf ihre Armbanduhr. Zeit genug, die wenigen Habseligkeiten zu packen, dachte sie, als sie die Reisetasche vom Kleiderschrank zog, den Geigenkasten herausnahm.

Sein Kopf schmerzte ein wenig. Die Nacht hatte er kaum ein Auge zugetan. Ein Blick auf das Päckchen stimmte ihn versöhnlich. Die Postbotenuniform passte hervorragend, wie für ihn gemacht. Dennis streifte mit der flachen Hand über den schwarzen Schnauzbart. Das Ziegenbärtchen hatte er geopfert. Wächst schneller wieder nach als Gras über ihr wachsen wird. Mit dem Hofheimer Stadtbus fuhr er zum Lorsbacher Kopf. Die Kirchturmglocke schlug neun Mal.

Er war gerade am Haus angekommen, als jemand aus der Tür herauskam. Auch gut, sagte er sich.

Marylous Name stand auf der einzigen Wohnungstür im Dachgeschoss. Von seinem Plan, ihr das Päckchen persönlich zu überreichen, nahm er Abstand, als er Geräusche vernahm, die aus der Wohnung zu kommen schienen. Sehr gut, sagte er laut zu sich selbst. Sehr gut. Der Sprengsatz reichte, um das gesamte Dach wegzupusten. Dennis legte seine Überraschung auf der Fußmatte ab, lehnte sie an Marylous Tür.

Grinsend lief er die Treppe nach unten, ließ die Haustür hinter sich ins Schloss fallen, ging ein paar Schritte, zog den

Ring aus seiner Hosentasche, streifte ihn wieder über, erinnerte sich für einen Moment daran, wie sie sich ihm verweigert hatte, einfach abgehauen war, wie er am nächsten Morgen nach ihr gerufen, durch die gesamte Wohnung gebrüllt hatte, seine Stimme ins Leere gelaufen war. Dann griff er in die Jackentasche.

Marylou erwachte kurz, als der Zug am nächsten Bahnhof hielt. Viertel nach neun.

Dennis hatte richtig vermutet. Das gesamte Dach war mit einem Knall hochgeflogen. Paff!

Vier Spürnasen im Einsatz

Miriam Strieder

„Mir ist langweilig“, stöhnte Martin. Nach einem Moment fügte er „und heiß“ hinzu. Sein bester Freund Luca, der neben ihm die Füße vom Bootsanlegesteg baumeln ließ, nickte nur.

Beide Jungen schwiegen und starrten missmutig auf die Lahn, die im Sonnenlicht glitzerte. Es waren Sommerferien und das Wetter ließ keine Wünsche offen: Jeden Tag brannte die Sonne vom Himmel, weit und breit kein Regen in Sicht und es waren noch zwei Wochen Ferien.

„Huhu, ihr zwei!“

Beide Jungen schauten überrascht auf und sahen Martins Schwester über die Lahnbrücke kommen. Ihr folgte etwas langsamer Chris, der älteste der drei Geschwister.

Beide schwangen sich auch auf den Steg, zogen die Schuhe aus und steckten die Füße in das angenehm kalte Wasser.

„Mir ist langweilig“, wiederholte Martin gequält seine Feststellung.

„Da bist du aber auch selbst schuld“, kommentierte die ältere Schwester, „es ist Kirmes, da kann dir eigentlich gar nicht langweilig sein.“

Martin ließ den Kopf hängen und antwortete nicht.

„Was hast du denn mit deinem Kirmesgeld gemacht?“, forschte Chris nach.

Bevor Martin etwas sagen konnte, antwortete der beste

Freund für ihn: „Na, was wohl? Wie letztes Jahr ein Buch gekauft und es in zwei Stunden ausgelesen.“ Die älteren Geschwister lachten, während Luca über so viel Geldverschwendung nur den Kopf schütteln konnte.

„Lass mich raten: Und du hast dir den Bauch schon mit Zuckerwatte, Schokoerdbeeren und sonstigem Süßkram vollgeschlagen“, mutmaßte Sarah. Dazu sagte Luca lieber nichts.

Die Vier saßen eine Weile da, genossen den Sonnenschein und das kühle Wasser, bis Martin wieder auf das eigentliche Thema zurückkam: „Also, mir ist langweilig, was machen wir denn jetzt?“

„Eigentlich wollten Sarah und ich fragen, ob ihr mit an den Baggersee kommt, aber das hat sich ja dann wohl für euch erledigt“, sagte Chris und meinte dann: „Naja, ihr könnt ja schon mal eure Nase in die Schulbücher stecken.“ Sofort protestierten die beiden Jungs; auch wenn sie sich heimlich auf die neue Schule freuten, war das kein Grund, plötzlich übergroßen Lerneifer an den Tag zu legen.

Luca und Martin waren beide zehn Jahre alt, Sarah zwölf und Chris mit dreizehn der älteste von ihnen. Schon immer hatten sie ihre Freizeit zusammen verbracht und normalerweise war ihnen auch immer etwas Lustiges eingefallen, aber heute war es dafür einfach zu heiß. Sogar Chris, der einst die geniale Idee mit dem Baumhaus gehabt hatte, war an diesem Tag nicht kreativ. Also blieben die Vier auf dem Steg sitzen, sahen den Enten zu und überlegten träge, was sie anstellen könnten. Die ein oder andere Idee wurde vorgeschlagen und verworfen, bis Chris mit einem Blick auf die Armbanduhr schließlich seufzend feststellte: „Mensch, Leute, jetzt haben wir hier gequatscht und dabei ist es Zeit zum Abendessen. Kommst du mit zu uns, Luca?“

Luca ließ sich das nicht zweimal fragen und begleitete die Geschwister nach Hause. Von dort würde er seine Mutter anrufen, damit sie sich keine Sorgen machte. Und wenn er Glück hatte, könnte er bei Martin übernachten.

Als schließlich alle beim Abendessen saßen, fragte die Mutter: „Und, hattet ihr einen schönen Tag?"

Sofort platzte Martin heraus: „Uns war so langweilig, Mama, das kannst du dir gar nicht vorstellen."

Sie lächelte ihren jüngsten Sohn verständnisvoll an. Der Vater, der gerade hinter der Zeitung auftauchte, meinte: „Habt ihr noch nicht gehört, was mit Schmitts Dackel passiert ist?"

Die Vier schüttelten den Kopf. Sogleich begann der Vater zu erzählen: „Naja, Anton lief wie immer auf dem Bürgersteig herum und die Schmitts saßen auf der Terrasse und tranken Kaffee, als sie ihn aufjaulen hörten. Sofort ließen sie alles stehen und liegen und sind auf die Straße gerannt. Und da lag dann das arme Tier und hat geblutet wie verrückt. Sie haben ihn sofort zum Tierarzt gefahren und der hat dann festgestellt, dass Anton mehrmals getreten wurde. Sie haben jetzt Angst um ihren Hund und lassen ihn nicht mehr vom Grundstück."

Die Kinder hatten atemlos zugehört und Chris fragte: „Und wer war es?"

Der Vater kratzte sich am Kopf und sah in die vier aufmerksamen Gesichter vor ihm: „Tja, das wissen sie nicht. Um die Terrasse der Schmitts stehen Büsche, sodass sie nicht auf die Straße sehen konnten. Als sie auf den Bürgersteig liefen, hörten sie, wie jemand wegrannte. Aber das hilft ja auch nicht sehr."

Der verletzte Hund war ab jetzt das Thema Nummer eins und nach dem Abendessen trafen die Vier sich in Chris' Zimmer, um weiterzudiskutieren.

„Wisst ihr was?", meinte schließlich Sarah, „wir sollten

morgen mal zu den Schmitts gehen - vielleicht können wir helfen."

Zuerst hatten die Jungs noch Bedenken, aber als ihnen nicht einfiel, was sie sonst noch tun könnten, stimmten sie schließlich zu.

Am nächsten Morgen machten sich die vier Kinder auf den Weg in die Heimkehrersiedlung.

Unentschlossen standen sie vor dem Haus der Familie Schmitt. Keiner traute sich, den ersten Schritt zu wagen.

„Ich mach' das", beschloss Sarah schließlich, ging entschlossen auf die Haustür zu und drückte beherzt die Klingel. Kurze Zeit später erschien ein älterer Mann, der Sarah finster musterte: „Was willst du hier?" Das klang nicht gerade einladend, aber Sarah ließ sich nicht abschrecken.

„Ich habe von Ihrem Hund gehört und es tut mir so leid", sagte sie.

„Soll das ein Schuldeingeständnis sein?!"

„Nein, natürlich nicht. Sehen Sie, ich habe für Anton ein paar Leckerlis mitgebracht." Sarah zauberte mit einem Lächeln einen Beutel Hundekuchen aus ihrer Hosentasche. Der Mann sah gleich viel freundlicher aus und ließ sich sogar zu einem kleinen Lächeln hinreißen: „Na, wenn das so ist, junge Dame, nur hereinspaziert! Weißt du, wir sind inzwischen ein bisschen misstrauisch gegenüber Leuten, die sich für unseren Anton interessieren, aber ich glaube nicht, dass du ihm etwas tun würdest."

„Also wirklich!" Sarah war ehrlich entrüstet und stürzte sich in einen langen Vortrag über Menschen, die Tiere quälten. Sowohl Herrchen als auch Frauchen von Anton hörten lächelnd zu – Sarah gefiel ihnen.

Anton lag auf dem Sofa und wedelte matt mit dem Schwanz, als er seinen Besuch sah. Begeistert fiel er über die Hundekuchen her. Während Anton seine Krankheit für einen Moment zu vergessen schien, hörte sich Sarah die ganze Geschichte an. Viele neue Informationen bekam sie allerdings nicht.

Nach dem letzten Hundekuchen legte sich Anton wieder leidend auf das Sofa und begann leise zu wimmern, woraufhin sein Frauchen ihn sofort mit ein paar Streicheleinheiten versorgte. Wohlig drehte sich der Vierbeiner auf den Rücken.

Kurze Zeit später stand Sarah wieder draußen auf der Straße und die drei Jungs bestürmten sie mit Fragen. Aber außer über Antons Befinden wusste sie nichts Neues zu berichten.

Luca ließ sich frustriert auf dem Bürgersteig nieder und fasste die Lage zusammen: „Die einzigen Hinweise, die wir haben, sind nicht so sonderlich ergiebig: Die Schmitts haben jemanden wegrennen gehört, Anton ist an der Nase verletzt und das war's dann auch schon - klingt nicht so, als könnten wir da etwas draus machen."

Nach und nach ließen sich alle auf dem Bürgersteig nieder. Die Sonne hatte das Pflaster bereits angenehm gewärmt. Chris stützte die Arme nach hinten und lehnte sich in die Hecke zurück.

Plötzlich drehte er sich erstaunt um. Er hatte in ein Stück Stoff gegriffen und entdeckte nun halb unter der Hecke eine schwarze Baseballmütze. Vorsichtig zog Chris die Kopfbedeckung unter den Zweigen hervor und zeigte sie den anderen.

„Schaut mal, sie ist ganz neu. Nicht verblichen oder irgendwie kaputt. Sie kann noch nicht lange da gelegen haben. Da steht 'Box Club' drauf." Chris untersuchte die Mütze gründlich, konnte aber ansonsten nichts Ungewöhnliches feststellen. Er reichte sie den anderen und jeder nahm sie ganz genau unter die Lupe.

„Wem sie wohl gehört?", rätselte Martin.

Luca, Chris und Sarah überlegten, bis Chris sie noch einmal genauer betrachtete und sie dabei hin- und herdrehte. Schließlich sagte er: „Kann es sein, dass das Markos Mütze ist? Als ich ihn neulich gesehen habe, hatte er so eine auf. Und, hat er nicht auch angegeben wie wilde Socke, dass er jetzt in so einem Boxverein ist?"

Sarah dachte nach: „Es gibt nur einen Weg, das herauszufinden - wir müssen zu ihm und ihn fragen, ob er seine Mütze vermisst." Alle Vier waren nicht begeistert von der Idee, aber nur so konnten sie herausfinden, ob ihre Vermutung stimmte.

„Aber vorher sollten wir sie Schmitts und Anton zeigen. Außerdem müssen wir wissen, wo Anton gestern gefunden wurde", schlug Chris vor.

Sarah ging nun also das zweite Mal klingeln und berichtete von ihrem Fund. Zusammen mit den Schmitts lief sie zurück auf die Straße. Es stellte sich heraus, dass die Kappe tatsächlich ganz nahe der Stelle gefunden wurde, wo Anton am Tag vorher blutüberströmt auf dem Boden gelegen hatte.

Zum Abschluss hielt Herr Schmitt seinem Anton die Kopfbedeckung unter die verwundete Schnauze. Anton schnüffelte interessiert, begann dann aber unvermittelt zu knurren und bellte die Kappe wütend an.

Das bestärkte die Abenteurer in ihrem Verdacht, dass die Mütze dem Übeltäter gehört, und sie machten sich auf den Weg zu Marko. Luca und Martin waren nicht begeistert, zu ihm zu gehen, denn der ältere Junge ärgerte sie immer wieder, aber jetzt wollten sie auch nicht kneifen. So trotteten sie widerstrebend hinter Sarah und Chris her.

„Wisst ihr was? Wir fragen Marko nur, ob er seine Mütze vermisst und bringen sie sie ihm nicht gleich zurück – vielleicht fängt er an zu suchen und geht zu den Schmitts zurück“, schlug Luca vor.

„Das würde zwar dann nichts beweisen, aber es ist besser als nichts“, bemerkte Chris und klingelte auch schon bei Markos Eltern. Seine Mutter öffnete die Tür und schaute ein bisschen überrascht auf die Vier: „Na, was wollt ihr denn?“

„Wir wollten Marko sprechen“, entgegnete Chris tapfer lächelnd.

„Einen Moment, ich rufe ihn.“ Mit diesen Worten war seine Mutter im Flur verschwunden.

Kurze Zeit später stand Marko vor ihnen und musterte sie missmutig. „Was wollt ihr?“, blaffte er.

Luca und Martin sagten lieber nichts, aber Chris entgegnete freundlich: „Wir ... wir wollten nur fragen, ob du deine Baseballmütze vermisst.“

Für einen Moment sah Marko verdutzt aus, dann fauchte er: „Und was geht euch das an?!“

„Gar nichts. Also, vermisst du sie?“

„Kann sein. Kann nicht sein.“ Marko verschränkte seine Arme vor seiner Brust.

„Falls du sie verloren hast und noch weißt, wo du sie etwa verloren hast, helfen wir dir beim Suchen“, bot Sarah großzügig an.

Marko schaute noch ein bisschen missmutiger, sagte aber nichts.

„Was geht euch dumme Kinder das alles denn an? Verschwindet oder ihr habt Ärger am Hals!“ Die Vier liefen los und hörten Marko noch wütend schimpfen.

„Na“, keuchte Chris, „das ist doch zumindest mal ein Anfang.“

Sarah nickte und übernahm dieses Mal die Zusammenfassung: „Also, wenn ihr mich fragt, der Marko ist ganz schön nervös geworden. Das alles klingt verdächtig.“

„Kann schon sein“, widersprach Luca, „Aber wir sind

meilenweit von einem handfesten Beweis weg."

Die Geschwister nickten niedergeschlagen und wollten sich auf den Heimweg machen, als Chris plötzlich stehen blieb. „Mensch, Leute, was ist, wenn Marko jetzt seine Mütze sucht und Richtung Heimkehrersiedlung geht? Wenn es seine Mütze ist, dann wird er ungefähr wissen, wo er sie verloren hat. Immerhin ahnt er jetzt, dass wir was wissen und ist deshalb sicher nervös geworden. Vielleicht finden wir noch etwas raus, wenn wir auch hingehen und uns auf die Lauer legen!" Sofort änderten sie ihren Kurs und machten sich auf den Weg zu Schmitts.

Sarah dachte weiter nach: Wenn Marko zu den Schmitts ging, um seine Kappe zu suchen, musste das noch lange nicht heißen, dass er Anton tatsächlich angegriffen hatte. Man bräuchte einen eindeutigen Beweis. Plötzlich kam ihr eine Idee – ziemlich unsicher wäre das Ganze schon, aber ansonsten fiel ihr nichts ein, wie man Marko überführen könnte.

Als sie in der Straße ankamen, schaute Sarah sich aufmerksam um und sagte dann: „Legt die Mütze zurück und versteckt euch. Martin und Luca auf der einen Seite und Chris auf der anderen."

Das war leichter gesagt als getan, aber zum Glück würde bald Sperrmüll abgeholt werden, sodass Luca und Martin hinter einem großen Berg alter Möbel in Deckung gehen konnten. Chris quetschte sich zwischen zwei parkende Autos und fragte: „Und du, Sarah?"

„Lasst mich nur machen und bleibt in Deckung!"

Nach etwa zehn Minuten, die für die drei Jungs zur quälenden Ewigkeit wurden, kam Sarah wieder zum Vorschein und hatte Anton dabei. Der Hund lief fröhlich mit dem Schwanz wedelnd neben ihr her auf dem Bürgersteig. Auf ihr Kommando hin blieb er auf dem Pflaster sitzen und Sarah selbst tauchte hinter der nächsten Ecke ab.

Anton wirkte ziemlich vergnügt. Als er Sarah nicht mehr sah, flitzte er sofort los und verfolgte die Spur von dem tollen Mädchen, das ihm am Vormittag so leckere Hundekuchen mitgebracht hatte.

Das hatte Sarah gerade noch gefehlt. Das Mädchen beschloss, Anton einfach zu ignorieren. Schon bald begann der Hund, hier und da zu schnüffeln, wedelte fleißig mit dem Schwanz, verjagte eine vorlaute Maus und setzte sich schließlich auf seinen Stammplatz vor die Tannenhecke.

Die Kinder stellten sich auf ein langes Warten ein.

Eine Weile geschah nichts und Chris' Beine schliefen langsam ein. Zu gerne wäre er aufgestanden, um das Blut wieder zum Zirkulieren zu bringen, aber er wollte Sarahs Plan nicht verraten, also blieb er, wo er war und wartete weiter.

Dann wurde die Geduld der Kinder belohnt und Marko bog um die Ecke, die Augen auf den Boden geheftet: Er suchte definitiv seine Mütze.

Dabei näherte er sich Anton immer mehr. Der Hund beobachtete ihn aufmerksam und legte die Ohren an. Marko hatte das Tier noch gar nicht bemerkt, er war zu vertieft in seine Suche. Schließlich wäre er fast über Anton gestolpert, der mit einem erschreckten Jaulen zur Seite sprang.

„Blöder Köter! Schon wieder hier?! Ich dachte, ich hätte dir eine Lektion erteilt?!“

Sarah konnte nur hören, wie Marko den Hund anschrie, aber die Jungs hielten den Atem an, als Marko mit dem Bein ausholte. Wie der Blitz sprangen Chris, Luca und Martin aus ihren Verstecken und stürmten auf Marko zu. Sarah rannte zur Haustüre und klingelte bei Schmitts Sturm. Sofort waren alle zur Stelle und Marko schaute verdattert von einem zum anderen: „Was soll das?“

„Du hast Anton gestern verletzt - wir haben das ganz genau gehört!“, übernahm Chris das Wort. Marko setzte eine trotzige Miene auf, als er erkannte, dass er keine andere Wahl gab, als die Wahrheit zuzugeben. „Die dumme Töle kam auf mich zu und wollte mich beschnüffeln – da habe ich ihn eben getreten, na und?“

„Na und?“, brauste Herr Schmitt auf, „wir mussten mit dem Tier zum Tierarzt, der arme Kerl ist ganz verschreckt gewesen. Das ist Tierquälerei!“

Frau Schmitt betrachtete Marko einen Moment und meinte dann: „Ich glaube, es ist an der Zeit, die Polizei zu verständigen“, sagte sie und ging zurück ins Haus.

Sarah strahlte die drei Jungs an, die auch sehr zufrieden aussahen. Chris lobte seine kleine Schwester: „Das war wirklich ein guter Plan, Anton als Lockvogel zu benutzen und Marko auf frischer Tat zu ertappen.“

„Ja, vielen, vielen Dank, Sarah“, schloss sich auch Herr Schmitt an.

Verlegen lächelnd stand Sarah da und wusste nicht, was sie sagen sollte.

Zum Glück kam in diesem Moment Frau Schmitt zurück: „Also, die Polizei ist unterwegs, aber wir müssen ja nicht alle hier auf der Straße stehen und warten. Lasst uns rein gehen.“

Martin, Luca, Chris und Sarah wurden von den Beamten verhört und konnten sich nach einer Stunde und dem Bauch voller Kekse wieder auf den Heimweg machen.

Als die Helden am Esstisch versammelt waren, schaute die Mutter lächelnd von einem zum anderen: „Und, was habt ihr heute Schönes gemacht?“

Martin und Luca grinsten sich zufrieden an und Chris sagte mit einem Zwinkern: „Ach, nichts besonderes.“

Der Vater schaute von seinem Teller auf und fragte:

„Habt ihr schon von Schmitts Dackel gehört?“
„Nein“, sagte Sarah lachend, „erzähl doch mal.“

Nach dem Abendessen saßen die Vier wieder in Chris’ Zimmer und dachten noch einmal an ihre erfolgreiche Detektivarbeit, als es unten an der Haustür klingelte. Wie der Blitz sauste Martin die Treppe hinunter und riss die Tür auf. Überrascht schaute er Frau Schmitt an, die ihm lächelnd vier Umschläge in die Hand drückte mit den Worten: „Für die erfolgreichen Spürnasen!“ Dann war sie auch schon wieder verschwunden. Martin sah ihr noch einen Moment verdattert hinterher und rannte dann wieder nach oben. Er gab seinen Geschwistern und Luca einen Brief.

Sofort rissen alle die Kuverts auf und starrten dann einen Moment sprachlos auf den Inhalt. Jeder hatte einen kleinen Zettel bekommen, auf dem stand: Vielen Dank für eure Hilfe! Euer Anton mit Familie Schmitt und dabei lagen für jeden zehn Euro.

Martin fing laut an zu jubeln und die anderen zwei Jungs sahen ihn verdutzt an. Er erklärte fröhlich: „Damit kann ich mir ein neues …“

Aber weiter kam er nicht mehr, als Sarah stöhnend den Satz für ihn beendete: „... Buch kaufen. Schon klar, Bruderherz“.

Die vier Freunde lachten und Chris meinte schließlich: „Na, wenn das kein richtiges Ferienabenteuer war - ich will jetzt nichts mehr hören von Langeweile!“ Da waren sich ausnahmsweise alle einig.

EINE TOTE, DEREN VERLETZUNGEN AUF SADO-MASOCHISTISCHE PRAKTIKEN SCHLIESSEN LASSEN.
EINE DETEKTIVIN, DIE SELBST IN DIESEM METIER ZUHAUSE IST.
UNERWARTETE EREIGNISSE, DIE ZWEIFEL SÄEN.
SPIEL, BIS DU STIRBST.

EIN ECHTER BRANDSCHWERT, DER NICHT NUR UNTER DIE HAUT, SONDERN TIEF INS FLEISCH GEHT.

EIN MEISTERWERK. VON SÖNKE BRANDSCHWERT.

ISBN 978-3-942725-00-2

Zwei brutale Frauenmorde stellen die Kriminalpolizei vor große Rätsel. Stehen die beiden Morde im Zusammenhang? Eine heiße Spur führt in die dunklen Schluchten des Internets.

Der versierte Computerfachmann Sven wird schließlich um Mithilfe gebeten.

Bald verfängt er sich in den Wirren eines Erotik-Chats, in dem man die grotesken Lügen nicht von der manchmal ebenso grotesken Wahrheit unterscheiden kann.

Als Sven um sein Leben bangen muss, weiß er nicht mehr, wem er trauen kann und wem nicht.

Ein Thriller über die tiefen Abgründe des Geistes, über die Macht und Suchtgefahr moderner Kommunikationseinrichtungen, und über die fatalen Folgen von Missverständnissen.

SCHATTENRAUM

von Sönke Brandschwert

Spannend, mitreißend, beängstigend - und erschreckend real. Angelika Schwarzhuber (Drehbuchautorin)

ISBN 978-3981122954

ebenfalls im Sigrid Böhme Verlag erschienen